Bonjour paresse

*De l'art et de la nécessité
d'en faire le moins possible en entreprise*

Du même auteur

L'obscène, la mort à l'œuvre, Encre Marine, 2004.

Le Lacan dira-t-on, guide français-lacanien, Mots et Cie, 2003.

Lacan sans peine, Paris et Montréal, Alain Stanké International, 2002.

Casanova ou la loi du désir, Imago, 2002.

Le Général de Gaulle à la lumière de Jacques Lacan, L'Harmattan, 2001.

Corinne Maier

Bonjour paresse

De l'art et de la nécessité
d'en faire le moins possible en entreprise

ÉDITIONS MICHALON

« L'entreprise, le mot n'est pas beau. D'abord il y a *lente*, l'œuf des poux. Puis il y a *prise*, comme si quelque chose s'attrapait, comme s'il y avait une emprise qui s'opérait. Et entre les deux, ce *re* qui ne va pas tarder à gêner le *ri*, et qui sonne comme un rot. Bref, l'entreprise est grosse de l'emprise du parasite. »

Roland BARTHES, « Pastiche », 1963, inédit.

Introduction

L'entreprise n'est pas un humanisme

« Ne travaillez jamais », disait Guy Debord, le philosophe situationniste. Voilà un projet merveilleux, mais difficile à réaliser. Aussi, beaucoup de gens vont-ils travailler en entreprise ; celle-ci, surtout grande, a longtemps été généreuse en emplois. Curieusement, elle constitue un univers mystérieux : serait-elle un sujet tabou ? L'entreprise, parlons-en, pour une fois sans faux-semblants ni langue de bois.

Oyez, oyez, cadres moyens des grandes sociétés ! Ce livre provocateur a pour but de vous « démoraliser », au sens de vous faire perdre la morale. Il vous aidera à vous servir de l'entreprise qui vous emploie, alors que jusque-là c'est vous qui la serviez. Il vous expliquera pourquoi votre intérêt est de travailler le moins possible, et comment plomber le système de l'intérieur sans en avoir l'air.

Bonjour paresse est-il cynique ? Oui, délibérément, mais l'entreprise n'est pas un humanisme ! Elle ne vous veut aucun bien et ne respecte pas les valeurs qu'elle prône, comme le montrent les scandales financiers que charrie l'actualité et les plans sociaux qui se ramassent à la pelle. Elle n'est pas non plus une partie de plaisir, sauf quand on prend, comme c'est le cas ici, le parti de s'en amuser.

L'entreprise est-elle soluble dans le désenchantement ?

Des millions de gens travaillent en entreprise, mais son univers est opaque. C'est que ceux qui en parlent le plus, je veux parler des professeurs d'université [1], n'y ont jamais travaillé ; ils ne *savent* pas. Ceux qui savent se gardent bien de parler ; les consultants qui se sont dépêchés d'en partir pour monter leur propre société se taisent car ils n'ont pas intérêt à scier la branche sur laquelle ils sont assis. Il en est de même des gourous du management, qui abreuvent de conseils le monde des affaires, lançant des modes ridicules auxquelles eux-mêmes ne croient pas. Voilà qui explique que l'indigeste littérature consacrée au « management » est à l'entreprise ce que les manuels de droit constitutionnel sont à la vie politique : ce n'est pas avec eux qu'on comprend comment le « schmilblick [2] » fonctionne.

---

1. Je suis un peu méchante avec eux, il me faut l'avouer, je suis jalouse : si ma planque en entreprise est mieux payée que la leur, elle est moins chic. Allez, je le reconnais : certains universitaires ont produit des travaux dignes d'intérêt sur la firme, surtout les sociologues.

2. Le « Schmilblick » est une célèbre émission radiophonique des années 1970 qui a été ridiculisée (et du même coup immortalisée) par l'humoriste Coluche dans un sketch du même nom. Le schmilblick est devenu un terme très usité en entreprise : il évite de nommer ce qu'on est en train de faire, l'essentiel étant que cette tâche imprécise avance.

Pourtant des voix s'élèvent pour parler de l'entreprise telle qu'elle est vraiment. Le genre romanesque a ouvert la route, n'hésitant plus à prendre pour toile de fond les couloirs feutrés d'Arthur Andersen (qui a fait faillite en 2002) ou la tour Gan de la Défense (qui, elle, semble indéboulonnable). Il a bien du mérite, tant il est difficile d'imaginer Roméo et Juliette discuter cash flow ou management, boucler des dossiers, inventer des joint-ventures, supputer des synergies, dessiner des organigrammes. L'entreprise, il est vrai, n'est pas le lieu de passions nobles comme le courage, la générosité, et le dévouement au bien public. Elle ne fait pas rêver. Mais alors, mais alors... Si elle n'est pas l'endroit capital où se rencontrent les gens faisant de vraies choses avec plein d'énergie, pourquoi les diplômés de l'enseignement supérieur vont-ils traditionnellement exercer leurs talents en entreprise, de préférence grande ?

Moi-même, quand j'ai commencé à travailler, l'entreprise avait le vent en poupe, et tout se passait comme si elle subsumait d'un même mouvement les valeurs d'élévation sociale et l'esprit libertaire de mai 1968. Las ! Il m'a fallu assez vite déchanter. J'y suis depuis longtemps, et j'ai eu le temps de m'apercevoir qu'on nous avait menti. Que l'entreprise n'est pas un univers très « chabadabada » : non seulement elle est ennuyeuse, mais elle est potentiellement brutale. Son vrai visage apparaît d'autant mieux que la bulle Internet a éclaté, et que les scandales financiers font les choux gras des journaux. L'effondrement des cours de bourse de Vivendi, France Télécom et autres Alcatel a mis de l'acide sur les plaies en plombant le patrimoine de milliers de salariés actionnaires jusque-là béatement confiants dans le discours conquérant de leurs managers. Mais le pire est l'hécatombe de 2003, qui a montré la face noire de l'entreprise ; les plans de licenciements se multiplient : STMicroelectronics, Alcatel, Matra, Schneider Electric...

L'entreprise, c'est fini. Il faut se rendre à l'évidence : elle n'est plus le lieu de la réussite. L'ascenseur social est bloqué. La sécurité fournie par les diplômes est amoindrie, les retraites sont menacées et les carrières ne sont plus assurées. Les années 1960, excitées par le progrès et assurant la sécurité des carrières, sont loin derrière nous. Le vent a tourné et, pour la fuir, des foules surdiplômées mendient déjà d'obscurs postes de ronds-de-cuir dans l'administration.

Car l'entreprise n'avance plus guère de possibilités de se projeter dans l'avenir : les générations qui nous suivent devront posséder encore plus de diplômes pour occuper des postes encore moins valorisants, pour mener à bien des actions encore moins mobilisantes. J'ai déjà expliqué à mon fils et à ma fille : « Mes chéris, quand vous serez grands, ne travaillez jamais en entreprise. Jamais ! Papa et maman seraient tellement déçus ! »

L'absence de perspectives individuelles et sociales est telle que les enfants de la bourgeoisie, qui constituent le vivier du recrutement des cadres, pourraient bien se défiler dès maintenant. Comment ? En se dirigeant vers des professions moins intégrées au jeu capitaliste (art, science, enseignement...), ou bien en se retirant partiellement du monde de l'entreprise, salué d'un bras d'honneur élégant. C'est ce que je fais : je n'y travaille plus qu'à temps partiel, et consacre le plus clair de mon temps à d'autres activités beaucoup plus palpitantes [3]. Imitez-moi, petits cadres, collègues salariés, néo-esclaves, damnés du tertiaire, supplétifs du processus économique, mes frères et sœurs cornaqués par des petits chefs ternes et serviles, contraints de s'habiller en guignols toute la semaine et à perdre leur temps de réunions inutiles en séminaires toc !

En attendant, puisque prendre la tangente se prépare un peu à l'avance, pourquoi ne pas gangrener le système de l'intérieur ? Mimez mollement les conduites du cadre moyen, singez son vocabulaire et ses gestes, sans pour autant vous « impliquer ». Vous ne serez pas les premiers : selon un récent sondage IFOP [4], 17 % des cadres français sont « activement désengagés » de leur travail, ce qui signifie qu'ils y ont adopté une attitude si peu constructive qu'elle s'apparente à du sabotage... Seuls 3 % des cadres français se « défoncent dans leur boulot », selon l'expression consacrée, et se considèrent comme « activement engagés » dans leur travail. On en conviendra, c'est bien peu. Quant aux autres, ceux qui n'appartiennent à aucune des deux catégories, l'entreprise s'efforce de les « motiver » : les séminaires pour regonfler à bloc des cadres un peu flapis se multiplient. Il est clair que quand on se demande comment inciter les salariés à relever leurs manches de chemise, c'est qu'ils se moquent de leur job ! Mon grand-père, négociant

---

3. Quoi ? Allez, on se dit tout : la psychanalyse et l'écriture. Mais il est bien d'autres activités passionnantes (rémunérées ou pas, la question n'est pas là) : élever des ânes, bricoler un matériel audio ultraperfectionné, organiser des fêtes, militer dans des associations, cultiver une vigne, négocier des fossiles, peindre, draguer à la plage...

4. Sondage IFOP pour Gallup, cité par le magazine *Enjeux-Les Échos*, n° 187, daté de janvier 2003.

self-made man, ne s'est jamais levé le matin en se demandant s'il était « motivé » : il faisait son métier, voilà tout.

Adopter un tel comportement de « désengagement actif » ne vous vaudra aucun désagrément, à condition qu'il soit discret. De toute façon, vous êtes entourés d'incompétents et de pleutres qui ne s'apercevront guère de votre manque d'ardeur. Soyez sûrs que si par hasard quelqu'un le remarque, il ou elle n'osera rien dire. Car vous sanctionner aurait deux effets négatifs pour votre manager : d'abord ce serait rendre public le fait qu'il (elle) n'a pas su vous encadrer, et, en plus, une éventuelle pénitence limiterait vos possibilités de changement de poste ! C'est grâce à cette *omerta* que certains obtiennent d'éclatantes promotions : leur hiérarchie est prête à tout pour s'en débarrasser, même à les faire monter en grade. Un petit pas pour l'homme, un grand pas pour l'hypocrisie...

Pierre de Coubertin disait que l'important c'était de participer, mais l'important aujourd'hui c'est de participer le moins possible. Peut-être, qui sait, cela suffira-t-il pour réduire en poussière le système : les communistes se sont tournés les pouces pendant soixante-dix ans et, un jour, le mur de Berlin a fini par s'effondrer... Au demeurant, pas d'illusion : il n'y a rien à attendre d'une révolution, car l'humanité ne cesse de répéter les mêmes erreurs, de la paperasse, des chefs médiocrissimes et, dans les périodes un peu chaudes, quand les gens s'énervent vraiment, des gibets. Telles sont les trois mamelles de l'histoire (mais l'histoire a-t-elle des mamelles ?)

Voici quelques principes pour vous aider à comprendre le monde de l'entreprise tel qu'il est vraiment, et non tel qu'il se prétend.

Une nouvelle grille de lecture pour comprendre

En entreprise, quand quelqu'un vous dit quelque chose ou quand vous lisez un document, il existe des clés qu'il faut appliquer pour en dégager le sens. Cette méthode de décryptage, sous la forme d'une grille de lecture, vous aidera à lire à livre ouvert dans l'entreprise – car celle-ci est un texte, elle parle, elle communique, elle écrit. Très mal, il est vrai, et tant mieux, car cela rend le travail de déchiffrage et de compréhension d'autant plus amusant.

Inverser les signes. Plus la grande entreprise parle de quelque chose, moins il y en a. Par exemple, elle « revalorise » les métiers au moment où ils disparaissent ; elle se gargarise d'« autonomie » alors qu'il faut remplir un formulaire en trois exemplaires pour la moindre vétille et demander l'avis de six personnes pour prendre d'anodines décisions ; elle met en avant l'« éthique » alors qu'elle ne croit strictement à rien.

Suivre le fil circulaire du discours. Le discours de l'entreprise fonctionne en boucle, tel un serpent qui mord sa queue. Il suffit de prendre une idée et de tirer le fil jusqu'au bout : immanquablement, on revient au début. L'entreprise est l'univers où, bien souvent, la réunion est la finalité du travail, et l'action le but ultime de l'action (à moins que ce ne soit le contraire).

Séparer la bêtise du mensonge. Faire la part des choses est le plus difficile en entreprise, et vous découvrirez avec l'expérience qu'en fait c'est parfois... « les deux mon général » ! Par exemple, quand votre hiérarchie vous dit « le personnel est notre meilleur atout » ou « vos idées sont importantes pour nous », ce sont là des banalités sans conséquences, car tout le monde sait qu'un monde comme celui-ci n'existe pas. En revanche, la phrase « chez nous, vous pourrez vivre différents métiers, de grandes aventures, être responsables de missions ou de projets variés et innovants », est évidemment un attrape-couillon. Et quand un manager affirme « je n'ai entendu aucune rumeur » ou « je pratique la politique d'ouverture », c'est généralement aussi du mensonge. Le mariage du crétinisme et de l'hypocrisie est fructueux, cela donne la pratique du management moderne, que d'aucuns ont baptisée pompeusement « néomanagement ».

Appliquer un principe de réalité. Quand certaines choses sont faisables dans la vie courante, elles deviennent difficiles dans le monde de l'entreprise ; quand elles sont au quotidien tout simplement difficiles, elles s'avèrent complètement impossibles au travail. Par exemple, on peut prédire l'échec assuré de tout effort de réorganisation à grande échelle, comme de tout projet s'étalant sur plus de deux ans, enfin, de façon générale, de tout ce qui n'a jamais été fait.

Mettre en perspective. Il faut replacer les choses et les événements dans leur contexte. L'entreprise ne peut être séparée du monde dans lequel elle prospère – ou, pour le moment, s'étiole. Elle n'est que le symptôme d'un monde qui a sombré dans le mensonge, qui repousse sans cesse l'échéance du coup de grâce à l'aide d'immenses pots-de-vin et d'un charabia accompagné d'une gesticulation insensée.

Avertissement : ami individualiste, passe ton chemin

Toi l'individualiste, mon frère d'armes et de cœur, ce livre ne t'est pas destiné, car l'entreprise n'est pas pour toi. Le travail dans les grandes sociétés ne sert qu'à menotter l'individu qui, laissé à lui-même, se servant de son libre entendement, pourrait se mettre à réfléchir, à douter, voire, qui sait, à contester l'ordre ! Et cela, ça n'est pas possible. Si l'individu se trouve parfois porteur d'idées nouvelles, il ne faut à aucun prix que celles-ci dérangent le groupe. Il est clair que dans un monde où il est conseillé d'être souple, bien vu de changer son fusil d'épaule toutes les cinq minutes et en rythme avec les autres, l'individualiste est vecteur d'ennui, brandon de discorde. Aussi, on lui préfère le pleutre, le mièvre, l'obéissant, qui courbe le dos, joue le jeu, se coule dans le moule et, finalement, réussit à faire son trou sans faire de vagues.

Or non seulement notre sauvageon individualiste est incapable de faire comme les autres, mais quand en plus il a des idées arrêtées, il renâcle au compromis : il inspire donc légitimement la méfiance. Les DRH (directions des ressources humaines) le voient venir de loin : raideur, obstination, entêtement, sont les qualificatifs qui fleurissent dans son dossier à la rubrique graphologie. Et cela, ne pas savoir se plier, c'est moche ; moche de sortir du travail dès sa tâche de la journée accomplie ; moche de ne pas participer au pot de fin d'année, à la galette des rois, de ne pas donner pour l'enveloppe du départ en retraite de Mme Michu ; moche de rentrer à l'hôtel en trombe dès la réunion terminée avec les partenaires de Taiwan ; moche de repousser le café proposé pendant la pause-café, d'apporter sa gamelle alors que tout le monde déjeune à la cantine.

Ceux qui se comportent ainsi sont considérés par leurs collègues comme des cactus de bureau car la convivialité est exigée, sous forme de pots, de blagues convenues, de tutoiements et de bises hypocrites (toutes choses à simuler sous peine d'exclusion). Mais peut-être nos plantes rugueuses ont-elles parfaitement compris quelle était la limite à ne pas franchir entre le travail et la vie personnelle. Peut-être ont-elles réalisé qu'être tout le temps disponible pour une succession invraisemblable de projets, dont la moitié sont complètement idiots et l'autre moitié mal emmanchés, c'est à peu près comme changer de partenaire sexuel deux fois par an : quand on a 20 ans, la chose peut avoir son charme mais, au fil des années, cela finit par devenir franchement une corvée.

Le néomanagement, au fond, c'est l'érection obligatoire.

Voici donc en six chapitres toutes les raisons pour se désengager.

I

L'entreprise parle une no man's langue qui fait fuir

Ce qui frappe le plus en entreprise, c'est la langue de bois. Par parenthèse, il faut reconnaître qu'elle n'en a pas le monopole, et qu'on vit dans un monde jargonnant ; l'université, les médias et les psychanalystes excellent dans le genre. Mais celle de l'entreprise est particulièrement assommante : de quoi décourager complètement ce héros du travail qui sommeille en vous et qui s'appelle le stakhanoviste. (Si vous ignorez le sens de ce mot, continuez à lire l'esprit léger, car le stakhanoviste n'a pas été retenu pour le *casting* de cet ouvrage : on en voit peu dans les firmes. Ils en ont eu jadis en Union soviétique, mais nul ne sait ce qu'ils sont devenus.)

Charabia, te voilà

Quand j'ai commencé à travailler, je ne comprenais rien à ce que mes collègues me disaient, et j'ai mis un moment à réaliser que c'était normal. Un magnifique exemple de cette langue ridicule est donné dans le livre de Michel Houellebecq, *Extension du domaine de la lutte*, ouvrage emblématique de toute une génération (la mienne). «Avant de m'installer dans ce bureau, on m'avait remis un volumineux rapport intitulé *"Schéma directeur du plan informatique du ministère de l'Agriculture"*. [...] Il était consacré, si j'en crois l'introduction, à un *"essai de prédéfinition de différents scenarii archétypaux, conçus dans une démarche cible-objectif"*. [...] Je feuilletai rapidement l'ouvrage, soulignant au crayon les phrases les plus amusantes. Par exemple : *"Le niveau stratégique consiste en la réalisation d'un système d'informations global construit par l'intégration de sous-systèmes hétérogènes distribués"*. » La langue de bois, c'est cela : le niveau zéro du langage, celui où les mots ne veulent plus rien dire.

C'est que l'entreprise a fait un rêve : le langage humain, loin d'être une fenêtre ou un miroir comme certains intellectuels vraiment allumés le pensent, ne serait qu'un « outil ». Il serait un code réductible à de l'information pour peu qu'on en maîtrise la clé. Ce fantasme d'une parole transparente, rationnelle, sur laquelle on pourrait facilement avoir prise, se traduit par une véritable no man's langue. Se voulant sans passions ni préjugés, nettoyé de tout imaginaire, ce langage nimbe les affirmations d'une aura de détachement toute scientifique. Les mots ne servent plus à signifier, et escamotent les liens entre les événements en dissimulant les causes qui les engendrent. La no man's langue, délibérément obscure et inintelligible, finit par ressembler à un obscur jargon dérivé des pseudo-sciences. Ce sont, il est vrai, des caractéristiques propres à séduire un public qui se sent d'autant mieux renseigné que ses idées s'embrouillent. Plus ce que l'entreprise dit est technique et abstrait, plus elle semble croire que c'est convaincant : elle use et mésuse de cette *linguistrerie* [1].

Sa langue de bois est une glose immuable à propos du réel. Certes, des mécanismes sont en marche, mais ils avancent de façon inexorable et figée, ce qui donne à penser que personne n'est impliqué : « Une cellule de veille est mise en place », « Un programme d'information est élaboré », « Un bilan est établi ». Aussi, on pourrait croire qu'en entreprise il n'arrive rien ; cette langue impersonnelle, qui met l'accent sur les processus, nous donne l'illusion qu'on est à l'abri. Rien ne peut se passer ; la paix, non pas des braves, mais du cadre moyen : aucune surprise, aucune aventure – sauf bien sûr celle d'être viré ! L'Histoire, c'est pour les autres, les va-nu-pieds qui habitent dans les marges du monde civilisé et qui s'entre-tuent à l'occasion quand ils n'ont pas grand-chose de mieux à faire.

Seul le régime communiste, très bavard, s'est montré plus prolixe en langue de bois que l'entreprise. George Orwell, auteur visionnaire de *1984*, a été le premier à comprendre que le jargon des Soviétiques n'était pas un jargon comme les autres, risible et inoffensif, mais une véritable métamorphose du langage au contact d'une idéologie. Il a eu l'intuition du rôle joué par la *novlangue* dans le fonctionnement de l'État totalitaire. Et totalitaire, l'entreprise l'est, d'une manière *soft* évidemment ; elle ne prétend pas que le travail rende libre (en allemand, *Arbeit*

---

1. Néologisme à moi, inspiré de Jacques Lacan et forgé en mélangeant linguistique et cuistrerie.

macht frei, de sinistre mémoire), mais il arrive que certains hypocrites osent l'affirmer.

Le vrai problème, c'est que la langue qu'elle parle nie l'individu en escamotant le style : aucun mémo, aucune note, ne doit trahir son auteur. Chaque texte est poli, afin que le rituel de la langue de bois, propre à chaque firme, soit respecté. Une manière d'écrire collective s'instaure. Quel que soit le sujet traité, la matière est broyée par un rouleau compresseur. Elle n'est assumée par aucun locuteur, ne fait que reproduire des paroles déjà prononcées, et ne s'adresse donc pas à vous – pas étonnant qu'elle vous endorme ! Elle offre l'exemple unique d'une langue qui a divorcé d'avec la pensée, mais qui n'est pas morte (pas encore) des suites de cette séparation.

Cette langue obéit à cinq règles de base :

L'entreprise fait compliqué quand on peut faire simple. Elle utilise « initialiser » à la place de commencer, verbe qui fait beaucoup trop trivial, « finaliser » au lieu du très ordinaire finir, et « positionner » pour le terre-à-terre placer.

Elle choisit son vocabulaire de façon à se donner plus d'importance qu'elle n'en a réellement. « Coordonner », « optimiser », sont plus porteurs qu'« exécuter ». Mais c'est « décider » qui trône au panthéon des verbes, d'une courte tête devant « piloter » ou « chapeauter ». Elle ne lésine pas sur les mots en « ence » : pertinence, compétence, expérience, efficience, cohérence, excellence, tous ces mots donnent en apparence de l'importance.

Elle considère la grammaire comme une vieillerie obsolète. Elle abuse des circonlocutions, boursoufle la syntaxe, se revêt de toute une quincaillerie de termes techniques et administratifs, et malmène les mots. Car elle sait dévoyer le français avec maestria : l'entreprise aime les barbarismes. Par exemple, « décliner » n'est pas employé dans son sens usuel ; quand on décline un logo, un message, une valeur, cela ne signifie pas qu'on les abaisse, mais qu'ils sont adoptés par d'autres instances, situées en dessous. De même, le très usité « solutionner », qui remplace sans coup férir résoudre, est d'autant moins français qu'il donne une vraie prestance de cadre.

Elle manifeste la ligne politique d'un pouvoir impersonnel. Elle ne cherche ni à convaincre, ni à prouver, ni à séduire, mais livre des évidences de façon uniforme en excluant les jugements de valeur. Le but ? Vous faire obéir. Méfiance, Goebbels, bras droit de Hitler, le disait déjà : « Nous ne parlons pas pour dire quelque chose, mais pour obtenir un certain effet. » En effet, la *novlangue* de l'entreprise est souvent à mi-chemin entre le propos objectif soi-disant scientifique et le claquement péremptoire du slogan. Et cela donne : « La coopération *doit* s'accentuer entre les unités », « Il *faut* s'efforcer d'impulser nos nouveaux modes opératoires avant la date butoir du 15 », « Mettre en place les orientations définies par le projet de service *reste et restera* une priorité ».

Elle n'emprunte que des routes ultrabalisées et connues dans leurs moindres détours. Si elle ne veut rien dire par elle-même, elle peut toutefois être déchiffrée : un texte, un communiqué, ne livre son sens que par ses écarts à un code implicite. Chaque entorse au cérémonial révèle quelque chose. Aussi, si vous n'avez rien de mieux à faire, vous pouvez devenir expert en langue de bois...

Cette langue a une emprise sur nous, et prétend penser à notre place. Elle ravale le salarié à une pure mécanique.

Machine, lève-toi et travaille ! Tes perceptions, tes sentiments, tes ambitions, doivent, c'est sûr, pouvoir être traduits en tableaux et en courbes, et ton travail n'est qu'un « processus » à rationaliser.

Mais dévoyer le langage se paie cher. Quand les mots paraissent à ce point truqués, quand il devient difficile de démêler le vrai du faux et d'empêcher les rumeurs, la méfiance règne. Aussi, nombre de salariés ont-ils l'idée paranoïaque qu'un vaste complot est ourdi contre eux par leur hiérarchie. Puisque celle-ci parle une langue digne de la *Pravda*, organe soviétique de la vérité officielle, cela signifie-t-il qu'il y a véritablement anguille sous roche ? C'est parfois vrai, mais souvent les choses sont beaucoup plus simples : les managers parlent en *novlangue* parce qu'ils ont été formés pour cela, et sélectionnés sur leur maîtrise de ce sabir pour accéder à certains postes ; tout se passe comme si la langue de bois était devenue leur élément naturel.

Un stage de « français première langue » serait utile à nombre de nos hiérarques, mais ce n'est malheureusement pas prévu sur la liste des formations homologuées par la firme. Celle-ci préfère la programmation neurolinguistique (PNL) et autres méthodes de pacotille, qui ne visent rien d'autre qu'à continuer à parler et à penser tous en rond.

Les acronymes : un maquis, une jungle, que dis-je, un dédale

Si la *novlangue* de l'entreprise est particulièrement rebutante, c'est aussi que tout le monde y parle par sigles. Car la langue de bois a fait disparaître un certain nombre de mots, mais en a aussi créé en quantité, notamment à partir d'abréviations et de mots tronqués, sans se soucier de leur sonorité barbare. Les noms des unités, des groupes, des services, sont des acronymes. Voilà le type de phrase qu'on entend en réunion : « AGIR est devenu IPN, qui lui-même chapeaute le STI, au grand dam de la SSII, qui perd la maîtrise du DM ; mais celui-ci ne va pas tarder à migrer vers RTI. » Une heure de conversation de cet acabit à la cantine et il y a de quoi devenir chèvre. Le but est de faire croire à ceux qui savent ce que ces acronymes signifient qu'ils appartiennent à une minorité privilégiée, celle des initiés qui sont vraiment dans le coup.

Il est pourtant bien inutile de mémoriser le sens de ces acronymes cryptés. Ils changent tout le temps, au rythme des restructurations successives dont la visée est de rebattre les cartes sans pour autant changer la donne (surtout pas !). Ce que la prolifération des sigles montre, c'est que, au fil des réorganisations et des fusions-acquisitions, les entreprises deviennent des organisations tellement complexes et labyrinthiques qu'une chatte n'y retrouverait pas son petit. En conséquence, les concurrences s'exacerbent, les compétences se chevauchent, les poupées russes se multiplient. Voilà un phénomène qu'un quotidien économique d'avant-garde[2] résume ainsi : « Nous sommes dans l'ère de la poly-appartenance. » Traduction en langage quotidien : « C'est le bordel dans l'organisation »...

Il y a pourtant une règle d'or qui préside au processus de nomination des équipes : chaque entité est nommée de

---

2. Un bel exemple d'oxymore qui, le lecteur le comprendra plus loin, est ma formule de style favorite (*cf.* « Culture d'entreprise »).

façon à laisser croire que son importance est vitale pour l'entreprise, mais il ne s'agit pas d'être trop explicite sur sa mission de façon à ne pas lui attirer trop de travail. La plupart des acronymes sont donc forgés avec les mêmes mots, qui sont les suivants : information, technologie, appui, gestion, développement, application, données, service, direction, centre, informatique, réseau, recherche, raton laveur, support, marché, produit, développement, marketing, consommateur, client. Et maintenant, vous avez une minute pour trouver l'intrus...

Les langues étrangères : no pasaran

La no man's langue de l'entreprise est mâtinée d'anglais. Cela peut sembler étonnant car les Français, dans leur quasi-unanimité, détestent les États-Unis, qui, c'est bien connu, sont un pays raciste, inégalitaire, et inculte. En France, dieu merci, le modèle républicain assure sans problème l'intégration des gens d'origine étrangère auxquels les droits de l'homme sont offerts sur un plateau en un vaste geste oblatif, l'école laïque-gratuite-et-obligatoire garantit la promotion des meilleurs, et les Français sont naturellement cultivés depuis Montaigne et Racine. Aussi, comme le répète souvent le Français moyen avec l'accent de l'évidence et un soupçon de soulagement, « le modèle américain est très différent du nôtre ». Ce qui signifie bien entendu : *vade retro, satanas*.

Néanmoins, les Français le reconnaissent même si cela leur coûte, les Américains sont des maîtres en capitalisme. Harvard, c'est la Bethléem de l'argent. Il faut donc prêter l'oreille à ce que l'Oncle Sam nous dit à ce sujet. Les entreprises d'Europe occidentale souffrent d'un complexe vis-à-vis des *Business Schools* américaines ; dès qu'un mot fait fureur aux États-Unis, il traverse l'Atlantique comme une vague et devient une vogue qui affecte nos écoles de gestion, nos institutions commerciales et le discours de nos entrepreneurs. Peu importe les approximations linguistiques : il suffit d'en saupoudrer les transparents et les « charts », cela fait largement l'affaire. C'est ainsi que « packaging » a supplanté emballage, « reporting » compte-rendu, « feed back » retour, et « benchmarking »... je n'ai pas encore compris quoi (si un lecteur éclairé connaît la traduction en français, qu'il m'écrive.)

« Je fais le follow-up du merging project avec un coach ; je checke le downsizing » signifie que vous virez des gens. De même, « réengineering » vient en lieu et place de réorganisation : lorsque les termes français ont des connotations tellement négatives qu'ils en deviennent inutilisables, l'anglais s'impose comme un cache-misère bien pratique. Dans les milieux feutrés de l'entreprise, même quand tout va mal, il faut « positiver ». Vous vous faites virer ? Souriez, et dites « cheese » !

Cette fascination-répulsion à l'égard de l'Amérique, doublée d'une méconnaissance totale de nos voisins d'outre-Manche, explique que personne en France ne parle véritablement la langue de ces barbares. Si tous les impétrants au monde du travail s'affirment sans vergogne bilingues français-anglais, c'est que leurs recruteurs sont aussi nuls qu'eux en anglais ; aucun n'a les compétences pour mettre à l'épreuve des capacités linguistiques souvent très théoriques... C'est un fait, le Français est peu habile à s'imprégner des finesses de la langue, ne disons pas de Shakespeare, qui est un ardu auteur s'exprimant dans une surannée forme, disons plutôt de Michael Jackson, chanteur qui a moins de vocabulaire à sa disposition que de nuances de blancs ou de gris dans les pots de maquillage de sa salle de bain.

Le cadre français, supposé communiquer avec l'univers entier dans le cadre de réseaux cosmopolites flexibles, est irrémédiablement mauvais en langues. Peut-être est-ce sa manière, assez chauvine, de lutter contre la mondialisation ? Peut-être croit-il que l'entreprise-monde de l'avenir parlera le français, qui est pour lui (mais lui seul) la langue la plus précise et la plus belle qui soit ? Parler la no man's langue de l'entreprise, c'est déjà assez de boulot comme ça, pas la peine de se compliquer la vie avec l'anglais...

Des lieux communs à foison

La floraison de lieux communs et de formules creuses charriés par l'entreprise, qui en est friande, laisse pantois. Tournures conventionnelles et ponts aux ânes sont à la fête. En fait, seules les expressions les plus convenues et les plus éculées trouvent leur place au pays du cliché réconfortant qu'est l'entreprise ; le plaisant « au diable les varices », par trop décalé, et l'énigmatique et inquiétant « à bon chat bon rat » n'ont pas droit de cité. Il s'agit, comme on dit dans les bureaux, de rester « au ras des pâquerettes ».

Le nouveau venu dans l'univers de l'entreprise est d'abord perplexe, puis il comprend que l'apparence impersonnelle de cette sagesse de bazar ne cache rien d'autre que les intérêts et les ambitions de celui qui les énonce. Dans le thésaurus de proverbes et d'expressions en usage, on trouve en pole position (avec la traduction entre parenthèses) :

« Il n'y a pas de problèmes, il n'y a que des solutions » (phrase absurde, très appréciée des ingénieurs pour justifier leur poste).

« Le savoir, c'est le pouvoir » (traduire par : j'en sais plus que toi).

« Travaillez moins, mais travaillez mieux » (slogan employé par les chefs les plus hypocrites pour vous mettre au boulot).

« Tout est une question d'organisation » (même sens que la phrase précédente).

« Je ne peux pas être au four et au moulin » (il n'est pas question que je travaille davantage).

« Passé les bornes, il n'y a plus de limites » (j'en ai ma claque).

« Il n'y a pas de fumée sans feu » (je subodore une arnaque).

« Il ne faut pas se cacher derrière son petit doigt » (je vais parler franc, assez d'hypocrisie).

Prendre des notes en réunion n'est jamais inutile pour l'amateur de formules creuses et pipeautées. Et puis (tout arrive), parfois, du grand ventre de langue, qui est généreux, surgit une perle, une formule inattendue et plaisante, qui récompense tant d'après-midi perdues à écouter des bêtises !

II

Les dés sont pipés

Dans le grand jeu de l'entreprise, c'est surtout elle qui joue. Vous, vous n'êtes qu'un pion et l'emploi qu'elle vous accorde est un cadeau qu'elle vous fait. On dit merci au monsieur ou à la dame, on se montre poli et obéissant, on n'élève pas la voix pour ne pas déranger, et on attend paisiblement la paie à la fin du mois. Vous pensiez « faire vos preuves », impressionner avec votre « formation », vous « rendre indispensable » auprès de votre employeur ? Vous vous êtes trompé de porte, vous êtes là pour vous vendre et faire vendre. Et pas pour « ouvrir votre grande gueule » (comme on dit en réunion quand les gens se lâchent un peu), parce que ça, c'est le meilleur moyen pour « se prendre des baffes » !

Argent, trop cher

Tout le monde travaille pour l'argent, et pour la foultitude d'objets qu'on peut s'acheter avec. Le portrait du

31

cadre dressé par Frédéric Beigbeder dans le best-seller *99F* est explicite : « Il enfile son costard, croit sincèrement jouer un rôle crucial au sein de son holding, possède une grosse mercedes qui fait vroum-vroum dans les embouteillages et un cellulaire Motorola qui fait pilim-pilim dans son étui accroché au-dessus de l'autoradio Pioneer... »

L'argent est le nerf du travail, mais il ne faut pas le dire, c'est un tabou. L'entreprise n'en parle jamais, c'est vulgaire ; elle lui préfère les mots chiffre d'affaires, résultat, salaire, revenu, budget, prime, épargne, beaucoup plus raffinés. Un jour, j'ai osé dire en plein milieu d'une réunion sur la motivation que je ne venais au bureau que pour faire bouillir la marmite : il y a eu quinze secondes de silence absolu, et tout le monde a pris un air gêné. Si l'étymologie du mot travail est un instrument de torture, il est de rigueur d'afficher, et ce en toutes circonstances, que vous travaillez *parce-que-votre-travail-vous-intéresse*. Même supplicié de longues heures par d'impitoyables geôliers, vous ne diriez pas autre chose.

D'ailleurs, si vous avez choisi ce travail, c'est bien la preuve qu'il est intrinsèquement « valorisant » ! Valorisant, mais pour qui ? Est-ce vous qui valorisez votre travail, ou lui qui vous valorise ? Vaste question... Et puis, vous ne l'avez pas choisi, ce travail, c'est lui qui vous a choisi. Car au fond, que choisit-on véritablement en ce monde ? Son conjoint ? Sa religion ? Son psychanalyste ? Sa vie ? Allons-donc ! Mais laissons ces questions existentielles, qui n'ont pas leur place ici (il ne s'agit pas pour autant d'en faire l'économie car elles mènent très loin, par exemple à s'interroger sur ce qu'on veut vraiment, et ça c'est quand même diablement important). Pour résumer, vous travaillez parce qu'il le faut, personne n'aime travailler ! Si les gens aimaient cela, ils travailleraient gratuitement !

L'argent, cela passionne les gens : il n'y a qu'à voir le nombre d'hebdomadaires affichant un dossier spécial sur ce sujet essentiel qui suscite une curiosité jamais rassasiée, je veux parler du salaire des cadres. Même si en France l'éventail des rémunérations est assez réduit d'une entreprise à l'autre, savoir combien les autres gagnent permet de se comparer avec le voisin, ce qui est toujours intéressant. Mais les KF que vous engrangez tous les mois servent surtout à acquérir une profusion de gadgets plaisants. Avoir un *palm pilot*, un ordinateur portable et un mobile, cela console de beaucoup de choses. Avoir ou être, c'est une vraie question, peut-être beaucoup plus fondamentale pour le cadre moyen que le fameux « être ou ne pas être » promu comme slogan par Hamlet. Le triste héros de Shakespeare était tout de même plus malheureux que le cadre de base d'aujourd'hui. Quoique, parfois, je me demande...

Réussir, disent-ils

« J'ai du succès dans mes affaires / J'ai du succès dans mes amours / Je change souvent de secrétaire / J'ai mon bureau en haut d'une tour / D'où je vois la ville à l'envers / D'où je contrôle mon univers », geint l'homme d'affaires dans le célèbre tube, *Le Blues du businessman*. Mais pourquoi est-il malheureux, ce pauvre diable plein aux as qui ne regrette qu'une chose, ne pas être un artiste ? Peut-être parce qu'il se bat pour un bout de gras dérisoire, et d'autant plus insignifiant qu'il est convoité. Le moteur de la réussite, et donc du combat contre les autres, Sigmund Freud le disait déjà, n'est rien d'autre que la quête narcissique d'une petite différence, par essence minusculissime.

Aussi, dans l'univers de l'entreprise, les signes de statut sont-ils très importants. D'où l'importance accordée aux bureaux, qui sont attribués en fonction de l'échelon. Par exemple à l'échelon n, vous écopez d'un bureau cloisonné de 5,9 m² que vous partagez avec un stagiaire ou un collègue, tandis qu'à l'échelon $n + 1$, vous avez droit à un vrai bureau de 6,3 m², avec, attention, une petite table ronde qui sert pour les réunions. À $n + 2$, on vous offre un joli mobilier en bois, preuve absolue, irréfutable, que votre entreprise vous aime davantage que certains de vos collègues moins favorisés. Et ça, c'est tellement important – l'amour, toujours...

Mais vous aurez beau franchir les échelons et moissonner de plus en plus de gadgets et de signes tangibles de réussite, le cadre moyen est voué à rester cadre moyen. Quand on est «bureautier», pour reprendre le néologisme porté à la célébrité par le film *Le Père Noël est une ordure*, on l'est à vie. Les postes «à haute responsabilité» (secrétaires généraux, directeurs, chefs de service, sous-directeurs) se trouvent accaparés par des énarques et, au sommet, les directions sont monopolisées par les grands corps (Mines, inspection des Finances). Ces gens sont des technocrates comme vous, mais plus haut de gamme car ils jouissent de l'incontournable «réseau», qui se tisse par exemple dans «les instances décisionnelles de la vie politique» (c'est-à-dire les cabinets ministériels, les états-majors des partis). Si le cadre moyen est un pur produit des classes moyennes, le cadre supérieur est issu d'un sérail plus chic. Car il existe autant de distance entre le cadre sup' et le cadre moyen qu'entre ce dernier et les intermittents, les précaires, qui ont bien peu de droits et sont autant de chômeurs potentiels.

Vous qui n'avez pas de piston et personne pour allumer la fusée qui sommeille entre vos fesses, il ne vous reste plus qu'à jouer un rôle, qu'à faire semblant. D'où l'importance de l'habillement dans les entreprises. Il sert à afficher ce qu'on attend d'un cadre – qui, cela va de soi, est sain, sportif, communicant, entreprenant, ambitieux, optimiste – : une aura de décontraction et de professionnalisme, de masculinité (ou de féminité) émancipée et de conservatisme louis-philippard. Le « dress code » ne plaisante pas : le tailleur pour les femmes et le costume pour les hommes sont de mise dans de nombreux secteurs économiques. Sauf le vendredi, où sévit le « friday look », ou tenue vestimentaire du vendredi ; car ce jour-là, on a le « droit » de porter des vêtements autres que les vêtements conformes des quatre premiers jours de la semaine. Ces nippes ne sont adaptées que pour ce jour-là et, comble du comble, elles ne sont pas (ce serait trop simple) des vêtements que vous-mêmes choisiriez pour être à l'aise ! La seule liberté qui vous reste est celle de la cravate et des chaussettes, et encore.

À quand le *monday look*, le *thursday look*, pour compliquer encore les choses ? À quand la cour de Louis XIV, où une horde papillonnante de nobles désœuvrés se devait d'être là, dans les jupes du Roi-Soleil, non pas pour accomplir une tâche, mais simplement pour paraître ?

Rapports de force : tare ta gueule [1]...

Dans le bras de fer entre l'entreprise et vous, c'est elle qui gagne, de même que dans la jungle le lion l'emporte en principe sur l'antilope. Cela semble tomber sous le sens, mais le discours affiché est bien différent, véhiculant l'utopie d'une société où tout se résoudrait par l'argumentation rationnelle, la négociation et un contrat strictement égalitaire dans lequel tout le monde serait gagnant. Un tel angélisme ne leurre personne, notamment sur la question des salaires : la détermination des rémunérations passe largement par un rapport de force déséquilibré sur un marché qui met en présence un salarié tout seul ayant besoin de travailler et une entreprise fortement structurée et à même de saisir les occasions offertes par le droit du travail.

Car l'entreprise se sert du droit du travail pour... contourner celui-ci. Elle saute sur toutes les possibilités d'embauches temporaires, d'usage de main-d'œuvre intérimaire, d'horaires flexibles, qui se sont largement développés dans l'ensemble des pays de l'OCDE, rognant peu à peu sur les dispositifs de sécurité instaurés au cours d'un siècle de lutte sociale. Cela lui permet de « garder les mains libres », et de ne pas s'engager sur le long terme avec un salarié. D'où la création d'un marché du travail double : d'un côté une main d'œuvre stable, qualifiée, bénéficiant d'un niveau de salaire assez élevé, d'une relative sécurité de l'emploi, d'une véritable protection sociale ainsi que d'« avantages » (bons d'achat divers, colonies de vacances, tarifs préférentiels, logements de fonction, etc.). Ce sont les planqués, catégorie à laquelle j'ai la chance

---

1. Clin d'œil à une chanson bien connue d'Alain Souchon, *J'ai dix ans*.

d'appartenir, ainsi probablement que vous, ami lecteur, sinon je gage que vous seriez occupé à autre chose qu'à me lire. De l'autre les précaires, les vacataires, les contractuels, qui constituent une main-d'œuvre moins qualifiée que la première catégorie, sous-payée, faiblement protégée. À ces tâcherons employés de façon intermittente, l'entreprise ne doit ni congés payés, ni assurances sociales, ni formation. Officiellement, ils effectuent les services annexes, en fait, ils abattent bien souvent tout le travail que la première catégorie, celle des nantis, ne veut pas faire. Pour qu'il y ait des embusqués, il faut qu'il y en ait qui bossent ! C'est ainsi depuis des temps immémoriaux, alors cela ne va pas changer en un éclair. Peut-être est-ce la seule vraie loi du monde : pour qu'il y ait des maîtres, il faut des esclaves ; pour qu'il y ait des riches, il faut des pauvres, etc. Aussi, dès que l'occasion se présente, le fort continue à écraser le faible, le supérieur à dominer l'inférieur. Que ce soit bien clair, répétez après moi tous en chœur : c'est ainsi parce que c'est ainsi et, de toute façon, « il n'y a pas d'alternative », du moins c'est ce qu'on nous fait croire.

Au sein même de l'entreprise, l'injustice peut prendre la forme du harcèlement moral, reconnu en France par le code du travail depuis 2002. Il a pour principe une parole qui ne trouve pas d'expression, celle de la secrétaire traitée comme un paillasson ou du petit cadre considéré comme un étron et pressuré par un(e) habile manipulateur(-trice) pariant sur le silence et l'acceptation du plus faible. Tout cela est tout à la fois vrai et faux, car quoi qu'on fasse, quels que soient l'appareil juridique déployé et les droits qui leur sont accordés, la plupart des individus sont incapables de voir leur dignité satisfaite : il faut croire que

notre mal-être au monde est absolument fondamental...
Toujours plus de droits, toujours moins de satisfactions : les Rolling Stones le chantaient déjà quand nos parents étaient jeunes, l'idée n'est pas bien neuve.

Quelle est l'origine de cette violence dans la firme, quand elle s'en prend à une victime précisément désignée ? La plupart des cadres moyens désirant la même chose (une voiture de fonction, un niveau hiérarchique en plus, être coopté dans un comité de réflexion de décision super-important...), la rivalité monte comme une mayonnaise, s'exacerbe et finit par menacer la cohésion du groupe tout entier ; cette concurrence engendre un conflit qui ne se résout que quand un bouc émissaire sort du rang. C'est la théorie du philosophe René Girard, qui pense qu'une victime est volontiers sacrifiée sur l'autel de la cohérence de l'équipe.

Puisqu'il s'agit de renforcer l'esprit d'équipe des salariés, je propose une idée iconoclaste qui me taraude à chaque fois que je participe à une réunion ennuyeuse qui dure un peu trop (c'est-à-dire souvent) : pourquoi ne pas s'en prendre au PDG ? Des gens qui kidnappent leur patron et lui tranchent la tête, cela ne s'est jamais vu mais, avant 1789, qui aurait osé imaginer qu'un roi puisse être guillotiné[2] ? L'histoire de France est belle et inspirée, ménageons-

---

2. Pour mettre en musique un tel événement, je propose l'hymne suivant : « Ah ! Ça ira, ça ira, ça ira / Les chefs on les emmerde / Ah ! Ça ira, ça ira, ça ira / Et le PDG on s'le paiera / Et si on s'le paie pas / On lui cassera la gueule / Et si on s'le paie pas / Sa gueule on lui cassera. » Il s'agit d'une transposition d'une chanson de mai 1968 intitulée *La Grappignole*, elle-même créée d'après le chant révolutionnaire *La Carmagnole*. (Explication de texte : le doyen de l'université de Nanterre, siège de la contestation en ces années échevelées, s'appelait M. Grappin.)

lui un clin d'œil en organisant un *remake* de ses plus riches heures ! Coupons des têtes ! Sacrifier un président permettrait de refonder le pacte sur lequel repose l'entreprise, de repenser les rapports entre les managers et les cadres moyens, entre la hiérarchie et la base, de réfléchir à la répartition du travail, des bureaux, de la masse salariale, etc.

Et puis après tout, organiser cette sorte de *Camel Trophee* destiné aux salariés en mal d'aventure collective serait un moyen définitif pour l'entreprise de redorer son blason en brisant la triste équivalence « à patron voyou, salarié kleenex ».

Diplômes et qualifications, ou comment en faire des cocottes en papier

Trop de diplômes tuent les diplômes. Plus il y en a, moins ils valent ; l'INSEE estime qu'un tiers des salariés est surdiplômé par rapport au poste qu'il occupe. Cette dévaluation des parchemins et des compétences ne concerne pas seulement des postes de facteur, de guichetier dans une banque ou de contrôleur des billets à la SNCF, où est en général requis un diplôme de niveau bac + 3, paperasse qui suffisait à faire de vous un intellectuel il y a seulement cinquante ans !

La preuve que vos diplômes ne valent plus grand-chose ? Quel que soit le papier qui vous sert de cache-misère, l'entreprise ne fait que tolérer votre présence. Aussi, elle a imaginé dans les fertiles années 1980 le concept des « bureaux nomades ». Ce système consiste à attribuer un bureau aux gens au fur et à mesure de leur arrivée le matin au travail. Ainsi le cadre, qui ne dispose pas d'un poste permanent, a constamment « un pied dehors » ; pas question de prendre racine. Une merveilleuse inversion naît de cet état des choses : l'employé, ce n'est plus celui ou celle qui « se rend utile aux autres », mais c'est l'entreprise qui va se rendre utile en lui permettant de travailler, en lui donnant ce bien précieux qu'est le travail.

La philosophe Hannah Arendt le disait déjà : le capitalisme engendre du superflu, et c'est d'abord nous qui sommes superflus ! Il est vrai que l'on vit dans l'univers du trop, trop de cafés, trop de magasins, trop de sortes de pains, trop d'enregistrements numériques de la *Neuvième* de Beethoven, trop de modèles de rétroviseur sur la dernière renault. Parfois, on se dit : trop, c'est trop...

Cependant, ne jetez pas vos diplômes tout de suite. S'ils ne mesurent ni l'intelligence ni la compétence, ces parchemins sont toutefois la preuve que le salarié, le petit cadre, saura se plier. Seul l'élève qui a eu la capacité de supporter un nombre donné d'années d'études, la stupidité de ses maîtres, l'instinct grégaire et l'esprit d'imitation de ses camarades, sera capable de supporter une trentaine d'années de vie d'entreprise, de langue de bois et de tâches répétitives ! Car c'est là ce qu'on attend de vous, dès lors que la majorité des professions n'exigent plus un haut niveau de qualification technique ou intellectuelle. Elles sont principalement une routine et demandent si peu d'initiative et d'esprit inventif que quiconque réussit les études appropriées se trouve d'emblée surqualifié par rapport à la plupart des postes disponibles.

Être médiocre suffit donc. « Rattaché au sein d'une petite équipe de spécialistes, vous n'aurez pas une action relationnelle déterminante, ni un rôle opérationnel dans les actions de restructuration et de développement. Non détenteur d'une solide culture économique et financière, ainsi que d'une expérience significative des métiers de capital-investissement et de fusion-acquisition dont vous n'avez jamais entendu parler, vous n'avez pas besoin d'excellentes motivations personnelles pour développer un partenariat durable », se gausse Laurent Laurent dans l'ironique *Six mois au fond d'un bureau*.

Ainsi, les passe-murailles et les sonne-creux ont-ils leur chance dans l'univers policé des grandes organisations : l'entreprise est démocratique.

Emploi et employabilité : savoir se vendre, servir de faire-valoir

L'entreprise, qui répète : « l'homme, première richesse de l'entreprise », nous mentirait-elle ? C'est troublant, cette phrase, Staline l'utilisait déjà. Cela signifie-t-il que plus on idéalise l'homme, plus on le rabaisse dans les faits ? Car l'entreprise prend et jette, en fonction de ses besoins. Et l'ensemble des classes sociales est touché par le chômage : aux jeunes et aux ouvriers sans qualification qui constituaient jadis la masse des chômeurs s'ajoutent aujourd'hui les ouvriers qualifiés, les contremaîtres, les techniciens, les cadres. Les Français, qui espéraient poursuivre la mobilité sociale ascendante des Trente Glorieuses, se retrouvent aujourd'hui face à une mobilité descendante généralisée... Le seul avantage, pour le coup, c'est que cela bouge (voir « bouger, voyage au bout de la carrière »), mais pas dans la bonne direction. Morale de l'histoire : en entreprise, même quand on n'a rien à espérer, on a quand même quelque chose à craindre.

Car les entreprises demandent beaucoup, mais se gardent de promettre, et ne garantissent rien sur le long terme. Pour quoi faire ? Les promesses, c'est bien connu, n'engagent que ceux qui les écoutent. En plus, dans un univers où les chances sont censées être réparties de façon égalitaire, celui qui subit le chômage y est forcément pour quelque chose : s'il se trouve sans travail, c'est qu'il est plus mauvais que ceux qui en ont. Si on supprime votre poste, c'est parce que vous n'avez pas su en démontrer l'utilité, vous n'avez pas su valoriser vos fonctions, intéresser un client, etc. En fait, mais oui, c'est votre faute ! Vous êtes d'autant plus coupable que le travail est un impératif catégorique dans un monde où on nous fait croire qu'il est la sphère essentielle où se construit l'identité individuelle. « Travaille, travaille », voici l'ordre qui est donné : comme il nous reste un semblant de jugeote et de libre-arbitre, on est en droit de se demander « pourquoi faire ? ».

Pour échapper au chômage, il faut soigner son « employabilité ». Le salarié doit se barder de cette qualité indispensable mais mal définie à l'heure où même la tartine, objet quotidien pourtant très banal, se pare de « tartinabilité », de « réfrigérabilité », et pourquoi pas de « beurrabilité », afin de séduire un consommateur qui n'en demande pas tant. Il faudrait peut-être revoir l'employabilité du mot « employabilité »... Ce dernier ne signifie rien d'autre que l'aptitude à convaincre les autres qu'on peut et qu'on doit être employé ! Pourquoi faut-il les convaincre ? Parce que dès lors que tout le monde est interchangeable, le cadre moyen s'efforce de se démarquer par rapport aux autres. Comment ? Eh bien, par sa personnalité. La règle d'or du recrutement des cadres tient en une phrase : aujourd'hui on recrute les gens sur ce qu'ils sont, et non sur ce qu'ils savent faire. « Compétences relationnelles » et « aptitudes à la communication » sont décisives, le savoir-faire et les diplômes sont accessoires. Bientôt on apprendra exclusivement à séduire le recruteur. Travailleur sans qualités, bienvenue à toi.

Vous voilà obligé d'être le commercial de vous-même. Il faut savoir « se vendre » comme si votre personnalité était un produit auquel on pouvait assigner une valeur marchande. Pour Tom Peters[3], gourou grandiloquent de la nouvelle économie, réussir c'est faire de soi une société commerciale – la marque *Vous*. Le but est de faire savoir que vous savez faire savoir, et il sera toujours temps de voir si vous savez faire ! Encore un effort et vous ressemblerez au héros du film *Jerry Maguire*, où l'on voit Tom Cruise travailler jusqu'au petit matin à rédiger des manifestes, des tracts sur le besoin d'épouser la nouveauté, d'être présent sur le web sous peine d'être déclassé, de refaire telle campagne publicitaire avec une allure plus tendance.

L'image compte plus que la marchandise, la séduction davantage que la production. Car le petit cadre, embauché pour sa souplesse et sa labilité, va servir à faire vendre. Quoi ? D'abord des biens standardisés par la production de masse qui, souvent, sont produits dans le tiers-monde ;

---

3. Auteur de l'ouvrage *L'Entreprise libérée* (Dunod, 1993) : encore un oxymore ! Inutile de préciser qu'on en déconseille la lecture.

n'importe quelle ouvrière chinoise peut les fabriquer, et moins l'article comporte de valeur ajoutée, plus il faut de la persuasion pour convaincre le consommateur de son intérêt ! Il y a aussi des produits un peu plus difficiles à confectionner, pour lesquels on a inventé le marketing, éthologie de bazar qui sert à savoir de quoi vous n'avez pas besoin et comment on pourrait quand même vous le vendre. Il y a enfin, et surtout, des services qui, pour beaucoup, sont loin d'être indispensables : le vendeur a donc intérêt à faire bien son métier, sinon l'acheteur se rendrait compte qu'il achète du vent...

L'écoute individualisée des clients, le service personnalisé, ne visent finalement à rien d'autre qu'à réintroduire du sur-mesure, du vrai, dans une production capitaliste qui l'a complètement éliminé. C'est le « petit plus », le « supplément d'âme », qui fait défaut dans un univers uniformisé. L'entreprise mime ainsi un authentique qu'elle a tout fait pour disqualifier par le rouleau compresseur de la production de masse, et arraisonne les cadres qu'elle emploie pour bricoler ses simulacres.

C'est à cela que nous autres, nous servons. Eh oui, c'est pour servir de faire-valoir à la firme qu'on nous a décerné des diplômes – et très accessoirement parce nous sommes intelligents, ce qui arrive parfois, mais par accident !

La défaite de la parole

Des conflits au travail, il y en a de moins en moins : le nombre de journées de grève est en baisse. Sur les lieux de travail, dans les usines, dans les bureaux *open space*, sur le parvis de la Défense, l'ordre règne, et pas seulement à cause de Nicolas Sarkozy. Mais aussi, comment se révolter contre un discours lisse qui n'offre aucune prise, contre la « modernité », contre « l'autonomie », contre la « transparence », contre la « convivialité » ? Que faire face à des pouvoirs et à des institutions qui ne cessent de répéter qu'ils ne sont là que pour « prendre acte des évolutions », répondre au mieux à la « demande sociale », et aux « besoins des individus » ?

En théorie, chacun peut s'exprimer. Le bureau du manager est ouvert, tout le monde a le loisir d'aller lui parler ; on se tutoie, et celui-ci endosse le rôle de gentil animateur, de copain, voire de thérapeute, pourquoi pas ! Une ou deux fois par an, le salarié « fait le point sur sa situation », ce qui aboutit à « une appréciation globale ». Comment des salariés auxquels on accorde le droit de porter un jugement sur eux-mêmes et sur les autres pourraient-ils faire front commun contre la hiérarchie ? La parole est, certes, libre, mais, c'est là qu'est le piège, elle est sans résultat aucun : cause toujours, tes mots et tes avis ne causeront jamais rien. « Paroles, paroles, paroles », comme le susurrait la chanteuse Dalida dans les années 1970 dans un duo mémorable avec le bel Alain Delon...

Car en France, depuis Louis XIV, rien n'a changé : la façon d'exercer l'autorité est la plus centralisée possible. Rares sont les décisions qui sont prises collectivement ; l'entreprise a horreur du face-à-face, et refuse des discussions qui pourraient mener à des compromis grâce à la participation de toutes les parties aux différends. Et puis, la langue de bois est un discours à sens unique qui, confisquant la langue normale et la discréditant, n'admet pas de réplique : la communication est court-circuitée, et le salarié se trouve frappé d'aphasie. Enfin, si un véritable déballage public s'ensuivait, les valeurs françaises de bon goût, de mesure, d'équilibre, ne s'en verraient-elles pas bousculées ?

Aussi, quand une décision « tombe », la structure du pouvoir est tellement opaque qu'on en identifie rarement l'origine. Il est donc difficile de savoir auprès de qui exprimer son désaccord. Qui a décidé ? Personne ne le sait. Y a-t-il un Autre inspiré et bienveillant qui tranche en privilégiant l'intérêt collectif ? Non, mais beaucoup y croient et, par là, lui donnent consistance. Et c'est à cause de cet hypothétique personnage que nous démissionnons de nos prérogatives de salariés responsables ! Grand Autre qui est au sommet, que ta volonté soit faite...

Puisque la parole est sans conséquence ni responsabilité, il reste le plaisir bien anodin de se servir de sa langue pour dire du mal des autres. Beaucoup, se nourrissant de rivalités dérisoires, éprouvent de grandes satisfactions à tirer dans les pattes du voisin, et à critiquer en douce l'entreprise. C'est que la hargne, la rogne et la grogne, comme le disait le général de Gaulle, s'emparent facilement des esprits des salariés chagrins, qui s'adonnent alors aux délices d'une maladie très française : le tracassin (néologisme gaullien créé à partir du mot tracas).

Face à cette faillite de la parole, que font les syndicats, dont la raison d'être est précisément d'y remédier ? Bien implantés dans les grandes entreprises et surtout dans le secteur public, ils se trouvent non pas mis hors jeu, mais contournés. Cela se comprend : la nouvelle donne prônée par le néomanagement les laisse perplexes ; ils n'y ont guère de place puisqu'ils sont considérés comme des dinosaures d'un monde hiérarchique et bureaucratique qui a fait son temps mais qui perdure. Et puis, les cadres des organisations syndicales sont des gens qui se sont rebellés en mai 1968, s'ils avaient réussi à changer les choses on s'en serait aperçu. En conséquence, le syndicaliste est souvent un cinquantenaire désabusé qui déplore l'inertie et le manque de « combativité » des jeunes.

Si les syndicats sont un peu *has been*, minés qu'ils sont par l'érosion inexorable de leurs effectifs, ils jouent parfois un rôle déterminant quand un conflit tourne au bras de fer. Les inoubliables grèves de 1995, qui ont immobilisé les grandes villes françaises pendant plusieurs semaines, viennent nous le rappeler. Il est amusant que la plupart des Parisiens gardent un souvenir ému de cet immense embouteillage, qui transformait tout déplacement en interminable galère. Les uns, il est vrai, harponnaient à bord de leurs véhicules de jolies auto-stoppeuses en mal de métro, tandis que les autres prenaient la parole, puisque, enfin, tout le monde discutait, dans la rue, dans les cafés, partout ! Franchement, c'était épatant, quand est-ce qu'on recommence à se parler ?

De la péremption rapide du travailleur

La religion de l'entreprise, c'est le nouveau : il a toujours raison. Le jeune, qui injecte du sang neuf dans la structure, est tout naturellement l'objet précieux d'une firme qui délire de panique à l'idée de ne pas être dans le coup. Il est vrai que c'est la société tout entière qui ne cesse d'offrir en modèle l'image d'un individu perpétuellement frais et en pleine santé, performant dans tous les domaines.

Le « jeune », qui a le mérite de ne pas avoir de poignées d'amour autour des hanches et de porter le costume-cravate sans bourrelets disgracieux, arrive dans le monde du travail le bec enfariné. Il croit que les mots « proactif » et « benchmarking » signifient quelque chose, pense que la sacro-sainte injonction « soyez autonome » est à prendre au pied de la lettre, espère voir ses mérites reconnus et attend... qu'on l'aime. Ah ! jeunesse, jeunesse ! Le « jeune » est d'autant plus précieux que la firme en attend tout et son contraire, qu'il se taise et qu'il conteste, qu'il apprenne et qu'il propose, qu'il rentre dans le rang et qu'il sorte du lot... C'est un peu comme un enfant dans une famille : cette dernière souhaite que le petit chéri respecte ses parents et leur ressemble, mais en même temps elle espère qu'il réussisse là où son père et sa mère ont échoué, deux attentes souvent parfaitement incompatibles !

Le « senior », par contre, c'est une autre chanson. Sur le plan historique, la sélection des « employables » (*cf.* « Emploi et employabilité ») dans le cadre de plans sociaux ou de licenciements économiques a d'abord touché les salariés de plus de 50 ans. Cinquantenaire, dehors ! Le coup de torchon a été facilité par la mise en place, tout au long des années 1970 et 1980, de systèmes de préretraites et de primes au départ financées par les pouvoirs publics. Merci, l'État : on se demande vraiment s'il est légitime de payer des impôts pour subventionner la mise à l'écart de gens encore parfaitement vert... Résultat, aujourd'hui en France, seulement un tiers des hommes de la tranche d'âge 55-64 ans travaillent : un record mondial. Il faut dire que l'exclusion des travailleurs « âgés » est un moyen habile pour écarter les sources de contestation : le cinquantenaire est moins souple que le trentenaire qui décroche son premier emploi stable, et auquel on a fait croire qu'il avait bien de la chance d'avoir été retenu pour le grand *casting* de la firme.

Bref, en entreprise, on est fini à un âge où, en politique, on est considéré comme un jeune loup, voire comme un jeune turc (mais pas en France, pays où le jeune turc est peu prisé). Fini à l'âge où Cézanne peignait des Sainte-Victoire admirables, où Dostoïevski composait les *Frères Karamazov*. Le « cycle de vie » du cadre, pour reprendre une terminologie appréciée par les consultants et généralement appliquée aux produits, est court : de la « montée en puissance » (jusqu'à 30 ans et parfois plus) au déclin (à partir de 45 ans), il n'y a qu'un pas – du Capitole à la roche Tarpéienne, il n'y a qu'un trait de plume, celui des gestionnaires de ressources humaines.

Mais cette péremption rapide du travailleur ne saurait durer éternellement car les intérêts groupés de l'entreprise et des individus, tous deux enclins à une prompte retraite, sont en contradiction totale avec ceux d'une société vieillissante, qui compte de moins en moins de jeunes pour financer la retraite des seniors. Comme cette question est un baril de poudre, on assiste à de belles explosions sociales, toujours plaisantes à observer pour l'entomologiste et le citadin : les grèves de mai-juin 2003 en sont la preuve. Au moins, il se passe quelque chose et la France, quand elle est secouée par d'exaltants conflits, paraît soudainement plus... jeune.

III

Les plus belles arnaques

Cadres, employés, on vous ment ; ne soyez pas dupes. L'entreprise vous raconte des salades qui sont autant de pièges : désamorçons-les ensemble. Les impératifs de mobilité, les discours sans cesse rabâchés sur la mobilité, l'éthique, les « NTIC », ne sont que des bobards.

Bouger : voyage au bout de la carrière

Bouger, c'est l'infini proposé au cadre moyen : c'est le seul qui soit à sa portée. Au moment où la société tout entière ne sait plus trop où elle va, on demande au salarié de « se projeter positivement dans l'avenir ». Vous vous sentez comme un mercenaire dans le monde dans lequel vous évoluez, réquisitionné pour des causes qui ne sont pas les vôtres, envoyé sans cesse par ces causes dans des régions où vous êtes un étranger ? Peu importe : « soyez l'acteur de votre propre changement », vous serine-t-on.

Il est vrai que bouger est l'impératif catégorique d'un capitalisme dont la finalité est de rendre l'inutile à la fois indispensable et frelaté, et ce le plus vite possible.

François Salvaing nous offre dans son roman *La Boîte* un dialogue typique entre un salarié et son employeur : « Quelle est votre idée d'une carrière ? demanda William Lévêque (c'était le nouveau DRH, venu de l'automobile). – Trois ans par poste. – Pourquoi ? – Plus, on s'encroûte et les autres vous pensent encalaminés. Moins, on ne va pas au fond des choses, on ne connaît pas la mer, seulement la vague. » Bougez ! Trois ans au siège, deux ans à Singapour pour gérer une filiale, trois ans à Vernouillis-les-Bâtards pour faire du contrôle de gestion. L'intendance suivra ; il est entendu qu'au nom de la sacro-sainte mobilité, les enfants, la femme (ou le mari) déménageront et quitteront leurs habitudes, leurs amis et leur travail, et ce avec enthousiasme, le doigt sur la couture du pantalon. Et si par extraordinaire l'intendance ne suit pas, changez de femme (de mari) : elle (il) n'était pas assez mobile pour suivre votre trajectoire de fusée. Le cadre supérieur montre l'exemple, mais sur un plus grand pied : ce nomade high-tech fait la navette entre les multinationales ou les grandes entreprises, restant en poste quelques années seulement, recevant au passage des primes de rendement et des indemnités de départ de plusieurs millions d'euros.

La preuve est faite, tout se troque, y compris la ressource humaine ; déjà l'écrivain Sade imaginait une utopie sexuelle où chacun aurait le droit de posséder n'importe qui : les êtres humains, réduits à leurs organes sexuels, deviendraient alors rigoureusement anonymes et interchangeables. Bien

sûr Donatien-Alphonse-François de Sade était un aristo-
crate fin de race et dépravé, mais aujourd'hui c'est chacun
d'entre nous l'objet d'échange, destiné à être placé et
déplacé, au gré des besoins de l'entreprise. Car pour une
firme, l'humain, bridé par l'expérience, alourdi par l'ap-
prentissage, usé par la répétition, plombé par l'influence
de la culture et du climat, c'est la poisse. Comme la pâte
humaine est pesante ! Elle vient faire barrage au scénario
de mobilité généralisée qu'on tente d'imposer à tous.

Il est vrai que notre cadre moyen fait de l'obstruction :
sur le plan professionnel il n'est aucunement souple, tant
il a peur de déchoir et d'être amené à endosser une tâche
qui ne serait pas digne de lui. La France, encore impré-
gnée d'un ancien régime féodal où les places étaient fixées
pour la vie entière, est un pays où chacun défend bec et
ongles son pré carré quand il a la chance d'en avoir un !
Ce souci de son rang, de ses privilèges et prérogatives
alimente bien des conduites corporatistes, bien des arro-
gances de castes, bien des luttes infinies de préséances.
Autant de lourdeurs qui rendent le salarié bien peu
maniable...

Sur le plan géographique, le cadre de base n'est pas
davantage mobile. Son rêve n'est pas de déménager tous
les trois ans, mais plutôt d'acheter un pavillon dans une
banlieue résidentielle de Paris, d'abord à Chaville, puis
plus tard, grâce à l'ascenseur social, au Vésinet, qui est
pour lui le fin du fin de la réussite. Une fois endetté sur
vingt ans pour acquérir son « sam'suffit », il ne désire plus
guère bouger. Par chance, son domicile est proche de la
Défense, quartier des affaires hideux et sans âme digne du

Meilleur des mondes d'Aldous Huxley : notre esclave du tertiaire pourra donc être « mobile » sans déménager, car la Défense procure d'innombrables « opportunités » en terme d'emplois. S'il a de la chance, il pourra même limiter la mobilité à des changements de tours ou à des transferts d'étage : il commencera sa carrière au 7e étage de la tour Gan, puis enchaînera sur le 25e niveau de la même tour, avant d'être muté à la tour Ariane, 32e étage ; puis retour au siège, 25e étage, avant de prendre une retraite bien méritée. Bouger, c'est bien fatigant !

La culture d'entreprise : culture, mon cul !

Le mot « culture » s'est introduit dans l'entreprise il y a une vingtaine d'années. Michel Houellebecq peut écrire avec ironie dans *Extension du domaine de la lutte* : « Bien avant que le mot ne soit à la mode, ma société a développé une authentique *culture d'entreprise* (création d'un logo, distribution de sweat-shirts aux salariés, séminaires de motivation en Turquie). C'est une entreprise performante, jouissant d'une réputation enviable dans sa partie ; à tous points de vue, une *bonne boîte*. »

La culture, qui par définition ne sert à rien, va enfin servir avec la culture dite d'entreprise. D'emblée il y a baleine sous gravillon, car il n'y a rien de plus méprisant vis-à-vis de la culture que l'entreprise ; culture d'entreprise est donc un oxymore, une formule de style qui consiste à associer deux mots qui n'ont rien à faire ensemble. Si elle est très utile au management quand tout va bien car elle crée artificiellement un sentiment d'identité et d'appartenance, elle est perçue quand tout va mal comme un archaïsme qui fait obstacle aux changements.

Elle n'est en fait rien d'autre que la cristallisation de la bêtise d'un groupe de gens à un moment donné. Ce micropatriotisme est constitué par une masse compacte d'habitudes un peu rances, de facilités, de tics d'habillement et de comportement qui virent à la caricature. Réécrite par les managers, elle devient histoire officielle, avec ses héros et ses fêtes destinés à mobiliser et à favoriser l'identification à une entreprise unie et solidaire. Elle se traduit alors par une débauche de séminaires creux, de tee-shirts immettables, de pin's (oui, cela existe encore), de slogans soi-disant mobilisateurs. Autant de calamités difficiles à supporter qui sont à la firme ce que les bustes de Marianne, les statues de Jeanne d'Arc, les incontournables invocations aux sacro-saintes « valeurs républicaines », sont à la France.

Pourquoi tant de colifichets et de mots d'ordre ? Parce que l'entreprise, à l'instar de notre société tout entière, est menacée par des ferments de décomposition. La question essentielle qui se pose aujourd'hui à l'échelle d'une communauté, nation ou firme, c'est « Comment vivre ensemble ? », interrogation à laquelle on a de moins en moins de réponses. C'est précisément à celle-ci que des philosophes en vue, comme Jürgen Habermas ou John Rawls, s'épuisent à réfléchir. Alors, comme l'entreprise ne sait pas mieux que la collectivité comment rassembler, elle crée artificiellement une « grande famille » en mettant en place des signes auxquels les salariés sont supposés s'identifier.

Laissons-la se fatiguer : le jour où elle n'aura plus d'autre but que de produire des emblèmes de reconnaissance à l'usage de ses salariés, la firme sera inéluctablement vouée à disparaître. En attendant, il nous faut trouver le courage de continuer à nous lever le matin pour quelque chose qui ne ressemble vraiment à rien, et ça c'est dur-dur.

L'éthique : où sont les bêtes ?

Tandis que déferlent le bien, l'écologiquement correct, le moralement irréprochable, il est clair que l'entreprise ne pouvait pas échapper à la surenchère des bons sentiments et au raz-de-marée de la charité généralisée, de l'idéalisme obligatoire, de la solidarité sans réplique, des droits de l'homme dans tous les coins. Aussi elle a adopté l'éthique, ce produit d'importation venu directement des États-Unis, qui n'est rien d'autre qu'un succédané de la morale. Celui-ci a envahi le monde du travail à travers la rédaction de chartes et de codes [1] qui définissent confusément tout à la fois de grands principes, des valeurs, des règles de comportement. L'éthique, ce mot-lessive, est utilisé à tout instant pour laver les consciences sans frotter.

Cette nouvelle tarte à la crème de l'éthique prend différents habits : il y a par exemple celle de l'entreprise citoyenne, ou celle du développement durable ; dans les

---

1. Je ne m'en cache pas, j'aime les chansons, et j'adopte cet hymne cité par Georges Archier, Olivier Elissalt, Alain Setton, dans *Mobiliser pour réussir*, Éditions du Seuil, 1989 : « Pour les cercles de qualité, fortement motivé tu seras / La méthode, tu respecteras / Le volontariat, tu favoriseras / Ton impatience, tu maîtriseras / L'équipe, tu valoriseras / De leur travail, tu ne te mêleras / Ta confiance absolue, tu manifesteras / L'avarice, tu banniras / La vocation, tu susciteras. »

deux cas, on subodore l'oxymore (ce terme est déjà défini dans la partie « culture d'entreprise »). Contradiction dans les termes ou pas, quelle firme aujourd'hui n'est pas « concernée » par l'effet de serre et par les trous dans la couche d'ozone ? L'ennui, c'est que l'éthique, c'est un peu comme la culture : moins on en a, plus on l'étale – en parler trop est louche. D'ailleurs, dans l'industrie pétrolière, c'est Shell qui occupe la première place de l'« éthiquement correct » : humaniste, Shell ? Pas sûr, mais l'état-major du groupe le plus profitable d'Europe est surtout convaincu que la morale, ça rapporte. Attention, parfois sous le costume du scout sommeille le gangster...

L'éthique prouve que l'entreprise reprend tout à son profit, même ce qui est *a priori* antinomique au profit, l'éthique en tête. Pendant qu'elle absorbe et déforme ce qu'elle trouve à sa portée, les usages, les « valeurs » de l'entreprise, bavent, s'étendent, déteignent, à l'instar d'une marée noire. L'hôpital public a attrapé le virus managérial, employant à tour de bras un vocabulaire significatif ponctué de « créneaux », de « gisements de productivité » et de « clientèles ». L'école est touchée aussi : les « bilans de compétences » trouvent de plus en plus leur place dans des « projets d'établissement » qui peuvent se traduire par des « contrats d'objectifs » avec les élèves. L'entreprise et sa logique productive sont devenues une référence-clé dans une société qui pense *marketing* à chaque fois qu'elle rêve et qu'elle parle.

La preuve ? L'usage immodéré du verbe « gérer ». Dans le langage de l'entreprise, il signifie l'administration des choses et des gens, et s'est déplacé dans toutes les sphères de l'existence : les socialistes gèrent leur défaite, la femme son divorce, le sportif sa blessure, le médaillé olympique son succès, le médecin sa clientèle, chacun sa vie sexuelle. Gérons, gérons, petit patapon !

La stratégie : de l'art d'avoir l'air plus intelligent

Stratégie, le grand mot est lâché. Rien que de l'énoncer, on a l'impression d'entrer dans le saint des saints. Ce mot, qui vient du vocabulaire militaire pour exprimer l'envergure par rapport aux tactiques, n'enveloppe pas de contenu précis. Après un examen approfondi de la question, j'affirme qu'il n'y a en fait que deux stratégies possibles : le recentrage sur le métier de base (entendu comme ce que l'entreprise sait faire) et la diversification (ce que l'entreprise ne sait pas encore faire, mais qu'elle va apprendre puisqu'«on ne doit pas mettre tous ses œufs dans le même panier»). La stratégie, c'est simple, puisqu'il n'y a que deux choix possibles ; du reste Fidel Castro, *lider maximo* des Cubains, s'époumonait dans l'un de ses discours-fleuves des belles années (qui ne datent pas d'hier) : « Il n'y a pas de troisième voie. »

Passons à la deuxième leçon de stratégie : quand l'entreprise se diversifie, on justifie toujours une telle politique par les « synergies » entre le « cœur du métier » et les activités nouvelles. Les synergies sont à deux métiers différents ce que les atomes crochus sont au couple : des raisons *a posteriori*, complètement irrationnelles dans la plupart des cas, pour rassembler deux personnes ou deux activités. La stratégie étant une activité aussi « pifométrique » que la voyance, Scott Adams raille dans ses percutantes *Méthodes pour diriger une entreprise* : « Qu'est-ce que la stratégie ? La définition de la stratégie d'entreprise est la suivante : on prend toutes les idées qu'on a déjà (c'est-à-dire n'importe quoi), on incorpore toutes les bonnes idées de la concurrence, et on touille. »

La stratégie a le mérite de permettre l'émergence de multiples documents écrits dans une langue de bois pleine de saveur. Dans l'entreprise française où je travaille, qui œuvre dans le domaine de l'énergie, j'ai lu récemment un véritable morceau de bravoure rédigé par des consultants : « Rester leader implique sécuriser le sourcing et/ou le positionnement du groupe sur le midstream gazier, de même qu'identifier un mix/portefeuille de production optimal en fonction du mass market. Cela nous éloigne du modèle pure player, qui nous avait conduits à définir une offre package. En interne, le pilotage corporate doit être réalisé de façon volontariste à la maille interbranche grâce aux remontées bottom up. Les missionnements PMT seront définis en référence aux gaps entre l'image consolidée et la cible 2006. » Cela vaut son pesant de boudin, non ?

La lecture de telles inepties prouve que la stratégie n'est pas élaborée par des gens plus intelligents que vous. Mais alors, qui l'élabore ? Elle est soit décidée par un aréopage de parasites (conseillers, bras droits, consultants), soit concoctée par un seul, le chef. La première solution, pour être inefficace, est meilleure que la seconde : elle évite parfois les énormes bourdes. Et des énormes bourdes, en France, on en a de beaux exemples, à croire que c'est une malédiction. En 1992, le Crédit Lyonnais sombre dans une quasi-faillite après une expansion inconsidérée qui devait lui permettre de devenir la première banque de la planète. Dix ans après, rebelote : en 2002, la crise financière de Vivendi solde les mirages de la nouvelle économie et tire un trait sur sa tentative de devenir le numéro deux mondial des médias et de la communication.

Dans les deux cas, le patron déchu (Jean-Yves Haberer et Jean-Marie Messier) est un très chic inspecteur des finances, sorti des meilleures écoles de France et de Navarre. Dans les deux cas encore, l'acquisition d'un studio de Hollywood (MGM pour l'un et Universal pour l'autre) a été présentée comme une diversification habile. Car un guichet de banque ou une usine de traitement de déchets, pouacre, que cela fait terre-à-terre ! Mais Hollywood s'est avéré un facteur-clé de la déconfiture. Messier est un clone d'Haberer, qui refait exactement les mêmes bêtises et échoue pareillement (au demeurant, on ne s'étonne guère que l'entreprise, qui n'est pas un monde *fun*, rêve de strass et de paillettes : elle en manque cruellement).

Mais le feuilleton des bérézinas françaises en terre d'Amérique n'est pas achevé ! Fin 2003, le plus récent avatar en est l'affaire Executive Life, qui va encore coûter bonbon au contribuable. Tout commence par la folle histoire du rachat en 1991 d'une compagnie d'assurance-vie californienne par une filiale du Crédit Lyonnais. Ah, l'insouciante époque où l'argent coulait à flots, et où les Français croyaient réaliser le coup du siècle ! Las, l'opération est illégale, et le dossier devient, en même temps qu'une affaire d'État, un infernal imbroglio juridique mettant sous les feux de l'actualité le douteux *mano en la mano* français entre l'industrie et l'État. Pourtant il n'y aura pas de procès car, en notre beau pays, on n'aime pas laver son linge sale en public ; afin d'effacer l'ardoise, une amende de 770 millions de dollars va être versée aux Américains. Cet accord, qui laisse au bord de la route Jean Peyrelevade (ancien PDG du Crédit Lyonnais) ainsi qu'une poignée de dirigeants compromis, couvre pourtant l'actuel propriétaire d'Executive Life, l'homme d'affaires François Pinault, ami de Jacques Chirac.

La stratégie, pour certains illuminés, c'est une sorte de baguette de sorcière, susceptible de transformer un crapaud en prince – à moins que ce ne soit le contraire ?

Les nouvelles technologies de l'information et des communications (NTIC), c'est l'avenir

L'informatique, c'est l'avenir : cette phrase, je l'entendais déjà quand j'étais au collège dans les années 1970. Les nouvelles technologies de l'information et des communications (prononcez « enn'tic ») sont les enfants des ordinateurs et d'Internet ; cela fait deux décennies que les entreprises investissent à tour de bras dans ces technologies, espérant des gains de productivité phénoménaux : les ordinateurs sont partout, Internet va changer le monde, créer des emplois, ouvrir une période de forte croissance. Avec Internet, tous les problèmes vont être résolus, Internet va révolutionner l'histoire de l'humanité. Avec cet outil de communication merveilleux, les problèmes de frontières, de races, de religions, vont disparaître. Internet désenclave les campagnes, réduit la fracture sociale, favorise les échanges Nord-Sud, éduque les analphabètes, instruit les enfants, libère la ménagère. Nous serons tous des frères, il n'y aura plus de guerre, la-la-li-la-lère, reprenez après moi tous en chœur.

La chanson est douce, la réalité est plus brutale. Pour l'instant, le seul effet indiscutable de la tornade blanche informatique a été la suppression massive de postes de secrétaires, pourtant bien utiles. Rien d'autre ? Non, ces nouvelles technologies auraient surtout augmenté la productivité... du secteur de l'informatique et de la communication, affirme le très sérieux Robert Solow, prix Nobel d'économie. Tout ça pour ça, c'est plus fort que de jouer au bouchon.

Mais les NTIC, faute d'avoir fait la preuve de leur utilité économique, ont au moins engendré quelque chose, un langage, et cela n'est pas négligeable. Celui-ci est abscons, car la web-tribu parle un jargon connu des seuls initiés : discussions sur les différentes plate-formes de développement, sur le choix de la solution logicielle la plus adaptée, l'ensemble truffé de html, de xml, deamweaver, coldfusion. Un exemple m'a été communiqué par un ami qui, lui, comprend de quoi il retourne : « L'union de WSFL et XLang est tout aussi importante que les deux nouveaux protocoles. L'intérêt majeur des services web, aussi bien à l'intérieur qu'à l'extérieur du pare-feu (firewall), résidera dans le développement rapide d'applications XML *ad hoc*. BPEL4WS offrira une méthode plus standardisée pour y parvenir, simplement en fusionnant deux langages déjà connus. Mais il semble que l'on a négligé dans les travaux de développement divers protocoles de processus opérationnels B2B frontaliers, notamment le protocole ebXML, le langage BPML (Business

Process Modeling Language) et la toute nouvelle interface WSCI (Web Services Choreography Interface). »

Je vois certains lecteurs qui se sont endormis sur leur chaise... De quoi s'agit-il ? Quand on lit de telles phrases, on se sent bête, et c'est probablement à cela qu'elles servent, à nous faire toucher du doigt notre infériorité. Tout cela est incompréhensible, et il est incompréhensible que cela nous soit incompréhensible, parce qu'Internet on connaît ! On y passe des heures au bureau, occupé qu'on est à trouver des informations essentielles sur la température moyenne de l'eau à Pointe-à-Pitre, ou sur la pêche à la mouche dans le Lot !

IV

Les crétins que vous côtoyez

Comme je ne veux pas me fâcher avec mes collègues, ce chapitre nécessite un avertissement. Françoise Verny, éditrice de renom portée sur la dive bouteille, dont on sait peu qu'elle a émargé quinze ans chez Kodak (elle le raconte dans son autobiographie, *Le Plus Beau Métier du monde*), disait de l'entreprise qu'on y rencontrait le même pourcentage de gens de valeur qu'ailleurs. C'est vrai, je l'ai constaté ; aussi, je ne me moque ici que des prototypes et des caricatures qui, on le comprendra, ne valent guère le détour.

Le cadre de base :
franchouillard, lisse, de préférence masculin

Les cadres moyens forment leurs bataillons dans le Français vraiment très moyen décrit avec verve par Pierre Dac : « Le Français moyen est un mammifère invertébré.

Il offre cette particularité de ne présenter aucune particularité marquante. Il professe par-dessus tout le respect de l'ordre et de la morale officiellement établis ; son livret matricule porte, d'une manière générale, le signalement suivant : Taille : moyenne ; Front : moyen ; Yeux : indécis ; Nez : moyen ; Menton : ovale ; Signe particulier : néant. » Bref, le Français moyen appelé dans le rang des cadres moyens rentre dans une série et ressemble à tout le monde.

Pourquoi tant d'uniformité ? D'abord parce que certaines structures engendrent inévitablement un certain type d'homme. Ensuite parce que l'entreprise est par essence le lieu de l'exclusion, dès lors que tous ceux qui ne sont pas « moyens » n'y sont que tolérés. C'est ainsi que la firme reproduit les blocages de la société à laquelle elle appartient : à France rigide entreprise ankylosée. Car les parcours de sélection ne fonctionnent plus dès lors que le nombre de candidats se présentant aux épreuves prévues pour un poste est sans commune mesure avec le nombre de personnes susceptible de les réussir. Puisque les entreprises sont submergées de *curriculum vitæ*, puisqu'« il n'y a pas d'emplois pour tout le monde », autant les réserver à certains. Et certains, ce sont toujours les mêmes.

Il ne s'agit pas ici de brandir l'étendard sucré de la vision impérialiste « United colors », mais il faut reconnaître que les critères d'âge, d'origine nationale et de sexe sont sans appel – et on ne parle même pas des accidents de santé ou de parcours faciles à repérer sur un CV, et qui sont rédhibitoires. Vous êtes handicapé ? On vous reconnaît le droit de travailler, mais ailleurs, dans une autre entreprise. Vous avez fait quelques années de prison ? Chercher du travail sera bien difficile ; la France plébiscite *Les Misérables*, saga hugolienne bien connue, mais aucun Français ne veut embaucher Jean Valjean, le repris de justice au grand cœur.

La place en entreprise des Noirs, des Arabes, des étrangers, des « jeunes issus de l'immigration », comme on dit pudiquement, est encore moins enviable ; ils y sont fort rares aux postes de cadre. Et ce n'est pas uniquement parce que ces gens-là réussissent bien mieux dans le football ou le spectacle. L'absence de chiffres disponibles (il est interdit en France d'établir des fichiers mentionnant l'origine ou la religion) désamorce tout débat. Le problème est connu de tous, mais systématiquement escamoté. Quant aux homosexuels, si les « garçons sensibles » sont bien vus dans les professions afférentes à la création et à la mode, le consensus veut qu'ils n'existent pas dans l'industrie. L'homosexualité ne s'y porte pas, c'est ainsi. Conséquence de cette homophobie ambiante, à compétences égales, un *gay* a peu de chances d'accéder à un poste de direction.

Si dans le monde du travail certains sont plus égaux que d'autres, la femme, elle, l'est moins que beaucoup. Elle gagne moins d'argent qu'un homme à niveau équivalent et peine à accéder aux postes à responsabilité ; pourquoi ? Simplement parce qu'elle est peu visible au-delà de 18-19 heures, donc... peu disponible aux horaires stratégiques où l'entreprise serre les rangs et compte ses inconditionnels. On s'en doutait un peu, mais des études prouvent que la vie familiale est un handicap pour la réussite professionnelle des femmes, tandis qu'elle constitue un atout pour les hommes : allez comprendre ! Tant pis pour elle si la mère de famille fait mieux son travail que d'autres et est plus efficace – ce qui, d'après mon expérience, est souvent le cas – : ce n'est pas elle qui édicte les règles du jeu, ce sont les hommes.

Il est notoire que ceux-ci passent plus de temps au travail que leurs collègues féminines. Cela s'explique par leurs instincts jamais rassasiés de prédateurs, mais aussi par leur désinvolture vis-à-vis de tâches ménagères triviales dont ils n'assument, en France, que 20 % – ce qui, on en conviendra, n'a jamais épuisé personne. Comme les femmes triment plus à la maison que les hommes, elles sont deux fois plus nombreuses que les hommes à travailler à temps partiel, ce qui alimente encore les inégalités et rend encore plus infranchissable le plafond de verre étanche qui les sépare du pouvoir. En conséquence, dans les hautes sphères du pouvoir, c'est-à-dire dans les bataillons fringants de cadres supérieurs, il y a seulement 5 % de femmes. Les chiffres, qui ne disent pas toujours n'importe quoi, sont accablants.

La parité est donc un rêve lointain ; on est tenté de taper du poing sur la table et d'exiger des quotas de cadres dirigeants femmes dans les entreprises, mais on n'est pas sûr que cela servira à quelque chose. Une loi française récente impose des pourcentages de femmes en politique, mais les grands partis politiques préfèrent payer des amendes plutôt que de faire figurer des personnes du beau sexe sur leurs listes... Heureusement, on se console quand on sait que les hommes ont une espérance de vie plus courte que les femmes, et qu'ils sont quatre fois plus nombreux à se donner la mort. Intolérable inégalité, mais il faut bien qu'il y ait une justice !

Le manager : tellement léger qu'il est creux

Le cadre d'antan, qui fleure bon la hiérarchie et le statut, est fini. Il faut dire que « cadre » ne veut plus dire grand-chose, sinon que celui qui l'est a fait des études, et qu'on ne peut pas lui demander de nettoyer par terre. Du moins dans les grandes entreprises, car les petites ne se gênent pas : je connais des gens de niveau bac + 5 qui ouvrent des cartons ou qui passent des câbles sous le plancher (avec l'aide d'un technicien, il est vrai). Cadre est un titre, non une fonction. Mieux vaut l'être que ne pas l'être : comme tout le monde passe son temps à faire le travail de la personne du dessus, plus on est haut, moins on a à faire – plus vous êtes important moins vous travaillez, c'est une des lois d'airain du monde du travail. Cela posé, il ne faut pas être trop haut non plus parce qu'on passe son temps en représentation, comme les hommes politiques, qui se tournent les pouces sans vergogne – mais en public, en pleine lumière, ce qui change tout. Il faut aimer cela, moi tant qu'à ne rien faire je suis mieux chez moi, mais je ne ferai jamais carrière, je le sais bien.

Le cadre, en général, n'encadre pas ; celui qui exerce véritablement la fonction de cadre est appelé « manager ». Le « manager » est d'apparition relativement récente en francophonie, où le mot se diffuse et prend son sens dans les années 1980. Le manager modernise le cadre comme le management rafraîchit la gestion ; cela ne rend pas les choses plus excitantes, mais incontestablement le terme, ainsi « relooké », a plus de chien, car en entreprise, comme partout ailleurs, les mots s'usent.

Que fait le manager ? Certes, il manie la langue de bois avec maestria, mais ce n'est pas tout : il est aussi « animateur d'équipe », « catalyseur », « visionnaire » et, pourquoi pas, « donneur de souffle ». Il n'est plus celui qui possède mais celui qui déclenche ; il ne cherche pas à accumuler une fortune ou à construire un empire ; il manipule les gens plutôt que les choses. Car, au lieu de se confronter à une tâche matérielle ou à un problème réclamant une solution, c'est autrui qu'il affronte. L'autorité qu'il acquiert sur son équipe est théoriquement davantage liée à la « confiance » qui lui est accordée grâce à ses qualités de « communication » et d'« écoute », qui se manifestent dans le face-à-face avec les autres. Juvénile, enjoué, séduisant, notre chef maintient l'illusion qu'il est libre de choisir, voire de créer. Ici l'on se souvient de ce que disait un dirigeant bolchevik : « Être marxiste, cela veut dire être un créateur. » Il en est de même dans le monde de l'entreprise, il faut décidément croire qu'il y a des points communs entre le pays des soviets et l'univers plus feutré de nos grandes et compétitives firmes capitalistes.

À l'extrême, le manager se prétend un artiste ou, n'ayons pas peur des mots, un intellectuel. Du temps où Jean-Marie Messier (*cf.* « Ceux que vous ne verrez jamais ») était le chouchou des médias et d'une certaine *intelligentsia*, l'écrivain Philippe Sollers, qui décidément ne recule devant rien, n'a pas hésité à engager un dialogue amical avec le messie de la nouvelle économie. Ce monument d'anthologie, publié dans sa revue *L'Infini*, nous a montré les deux duettistes rivalisant à fleuret moucheté pour savoir lequel serait le plus subversif des deux... Le « mur du çon » cher à l'Almanach Vermot s'en est trouvé allégrement franchi.

Libéré des pesanteurs de la possession et des contraintes de l'appartenance hiérarchique, ouvert aux idées nouvelles, notre manager moderne ne croit à rien. Contrairement à l'homme nouveau soviétique, il ne s'engage pour aucune cause, et n'éprouve aucune loyauté vis-à-vis de l'entreprise pour laquelle il travaille. Il éprouve peu d'intérêt pour le travail bien fait car, au fond, son idéal de réussite est vide. Sur ce point comme sur beaucoup d'autres, René-Victor Pilhes, auteur avant-gardiste du roman *L'Imprécateur*, nous éclaire en affirmant : « Un gestionnaire n'est ni financier, ni technicien, ni commerçant ; je crois qu'il organise un peu tout [...] ; la voie de la gestion conduit à ce qu'on appelle le management. Le management consiste à dépouiller le plus possible les plans, les chiffres, les organisations, les transactions, en somme toutes les décisions imaginables, de leurs facteurs émotionnels. C'est ainsi que, pour un grand manager, il n'existe aucune différence entre les religions, les régimes politiques, les syndicats, etc. »

Honnis ceux qui pèsent, ceux qui veulent, ceux qui font toute leur vie la même chose ! L'orgueil et l'âpreté au gain, caractéristiques du monde de la marchandise quand il est dans les limbes, ne sont pas de mise dans l'univers volatil et fluide revendiqué par l'entreprise. Les apparences sont plus importantes que la qualité du travail effectué ; la réputation, l'attribution d'un succès, comptent davantage qu'un véritable accomplissement. Du lourd au léger, de l'airain au papier, telle est peut-être, résumée en une phrase, l'histoire du capitalisme !

Le cadre et la culture,
ou le mariage de la carpe et du lapin

Que sait faire le cadre ? En fait, rien de précis ; il est un « généraliste », il maîtrise les problématiques d'ensemble, et encore seulement certaines, et puis de loin seulement. Il a étudié dans des écoles classiques : Institut d'études politiques, École centrale, diverses écoles commerciales, où il n'a pas appris grand-chose, sinon à apprendre à être sélectionné. Il lit les éditoriaux de deux ou trois individus qui répandent des idées reçues et des lieux communs, assaisonne son langage d'un vocabulaire anglo-saxon simpliste et fait grand cas et grand tapage de l'ensemble. Notre homme (ou femme) n'approfondit jamais, c'est inutile ; se noyer dans les faits, les chiffres, ne contribue pas à clarifier les choses, mais au contraire à les rendre encore plus complexes. Il est donc urgent de s'en abstenir. « Heureusement que nos firmes ne sont pas entre les mains des intellectuels : que deviendrait notre société de consommation ! » s'écrie l'un des personnages de René-Victor Pilhes dans *L'Imprécateur*.

Disons-le clairement, le cadre de base est complètement inculte, ce qui n'a rien pour nous surprendre tellement l'univers intellectuel dans lequel il évolue est indigent. Pour lui, la culture générale est un gadget, tout juste bon à servir à faire le malin dans les soirées. Car il faut reconnaître que si la BMW carrossée ou la gourmette en or, cela fait toujours un peu vulgaire, une citation bien amenée, c'est tout de même autre chose. L'entreprise, se rendant compte que la culture constitue parfois un faire-valoir intéressant dès lors qu'elle donne aux décisions des cadres supérieurs un petit supplément d'âme, une ampleur de champ inédite, propose dans ce domaine à ses éléments les plus brillants de dispendieuses formations. Celles-ci prennent la forme de stages assurés par des normaliens sollicités au nom de la bonne marche de l'économie. Ils se font un plaisir de gagner plus d'argent qu'à l'université en dévoyant les grands classiques de notre belle tradition et en réduisant en *digests* simplifiés une « culture gé » jadis réservée à une élite de gens désœuvrés qui lisaient des livres et écoutaient de la musique... – vous n'allez pas le croire – pour le plaisir ! Noooon, pas possible !

C'est que nos cadres de haut vol n'ont jamais eu le temps de lire Michel Foucault, d'écouter un opéra de Mozart, ou de voir un film de Fellini. Eh non ! jamais : ils sont débordés. Dé-bor-dés, vous dit-on. Mais par quoi ? Eh bien, mais par leur emploi du temps. Et leur emploi du temps, il est rempli de quoi ? De réunions. De réunions qui servent à quoi ? À organiser le travail, le leur et celui des autres. Est-ce vraiment plus utile que de lire *La Comédie humaine*, ouvrage où l'on apprend beaucoup sur ses semblables, sur la nature de leurs ambitions et sur les limites de celles-ci ? On peut se poser la question...

Et voilà pourquoi nous sommes managés par des *homo economicus cretinus*, forme la plus aboutie et la plus répandue de l'homme nouveau engendré par l'entreprise.

Ingénieurs et commerciaux : match nul

Au vu de l'immense quantité de paperasse qu'elle produit, on pourrait croire que l'entreprise a besoin de personnes sachant rédiger une phrase comportant un sujet, un verbe et un complément. Curieusement ce n'est pas le cas, et elle n'aime pas ceux qu'elle appelle avec mépris « les littéraires ». Ceux-ci ne « savent rien faire » et « sont des rêveurs ». Par contre l'ingénieur, lui, sait faire des choses, il a étudié les mathématiques, et les maths, tout le monde le sait, c'est la science de la rationalité.

Donc l'ingénieur va droit au réel, et tente d'aller au cœur des choses sans se compliquer la vie ; il se méfie des hommes (et encore plus des femmes), qui par nature sont peu fiables et constituent des sources de complications sans fin. Son rêve est l'automatisation totale, « au pouillème près » et « en temps réel », engendrée par des machines qui fonctionnent de telle sorte qu'il suffise d'appuyer sur un bouton pour obtenir un résultat. L'ingénieur, fondamentalement décalé, se montre souvent drôle, mais c'est bien involontaire ; son côté désadapté ferait de lui un compagnon plaisant à la cantine s'il n'était pas aussi bourrin.

En attendant que la vie tout entière marche comme une machine bien huilée, l'ingénieur aime résoudre les problèmes et, quand il n'y en a pas, il s'en crée lui-même. Cela explique qu'il soit une mine d'activités complètement inutiles : on lui dit donc merci. Malheureusement, pour contrebalancer l'influence des ingénieurs, l'entreprise embauche aussi des commerciaux, qui sont souvent des crétins prétentieux convaincus que tout s'achète et se vend. On comprend que les tiraillements entre les deux castes soient fréquents. Quand les ingénieurs sont aux commandes, les commerciaux sont réquisitionnés pour promouvoir et commercialiser la rationalité mise en place par les hommes de technique. Mais c'est difficile ! Souvenons-nous du Concorde et de Superphénix : des bijoux technologiques, mais aussi des gouffres à fric. En revanche, quand les commerciaux sont à la barre, ils ne parlent que de réduction de coûts et se font un devoir d'élaguer à grands coups de machettes les activités superflues mais parfois plaisantes imaginées par nos inventifs ingénieurs.

La grande entreprise, tiraillée entre la technique et le porte-monnaie, a donc deux jambes qui ne vont pas dans le même sens – pas étonnant qu'elle se prenne souvent les pieds dans le tapis !

Consultant : il est toujours insultant d'être pris pour un con

De nos jours, il est impensable d'élever un enfant sans : un psychologue pour l'aider à régler son œdipe, un orthophoniste pour lui apprendre à lire, un appui scolaire pour qu'il puisse assimiler les débilités qu'on lui déverse sur la tête à l'école. On vit dans le monde du soutien généralisé ; c'est à se demander comment, sans aide extérieure, sans psy et sans professions paramédicales aux prestations remboursées par la Sécurité sociale, l'humanité a pu inventer l'imprimerie et construire des cathédrales (un vrai mystère, qui accrédite la thèse très sérieuse selon laquelle les pyramides et autres bâtiments pharaoniques auraient été construits par des extra-terrestres).

Il en est de même en entreprise. Puisque les organisations d'aujourd'hui sont censées être « auto-apprenantes » et les individus « créatifs », il faut aider tout ce petit monde à accoucher de nouveaux savoirs et de nouvelles idées. Un nouveau métier indispensable a donc vu le jour : le *coach*.

Son rôle est d'offrir un accompagnement personnalisé permettant à chacun de développer son potentiel. Puisque les organisations sollicitent toutes les capacités de l'homme qui pourra enfin s'épanouir pleinement, les *coachs* veilleront au grain, et s'assureront qu'il germe. Ceux-ci, en fait, ne sont rien d'autre que des conseillers un peu relookés pour faire moderne, dans le vent... et pour relayer la demande sociale importante d'authenticité et de liberté. Le néomanagement ne propose-t-il pas à chacun de ne plus être un instrument, mais de réaliser ses aspirations profondes et de s'épanouir [1] ? Mais cette soi-disant « liberté » est à l'entreprise ce que le porno est à la libération sexuelle : un piètre exutoire. Pour transposer une phrase de l'humoriste Cabu, on peut écrire : j'ai fait du *coaching*, du *team-building*, du *e-learning* et... je m'*emmerding* toujours autant !

Le coach n'est pas le seul parasite à se payer sur la bête. L'entreprise verse des millions à de multiples « spécialistes » d'audit et de conseil qui sont rémunérés pour dire ce que leur interlocuteur veut entendre, et conforter les décideurs dans leurs intuitions fortes. Les visions stratégiques ou organisationnelles du consultant doivent être représentées sous forme de documents austères et souvent illisibles comportant une longue liste d'« items », accompagnée de schémas composés de figures géométriques et de flèches symbolisant les nombreuses interactions censées rendre le

---

1. On voit que mai 1968 est passé par là ! L'entreprise récupère tout, même les thèmes qui, à un moment, ont pu paraître libérateurs face à des pouvoirs et des hiérarchies sclérosés.

discours plus cohérent. Quand notre consultant n'a que deux idées (ce qui est déjà pas mal), il les exprime sous forme de matrice. Le message de fond de ce patchwork managérial passe par des banalités de ce type : « Quand le bâtiment va tout va », « L'électricité est essentielle à l'éclairage », « Ce marché est arrivé à maturité, ce qui signifie que beaucoup de consommateurs ont déjà acheté le produit », etc. Le consultant adore inventer des solutions qui vont de soi, comme suggérer des économies quand les résultats sont mauvais, ou conseiller une diversification à une entreprise qui gagne de l'argent.

Notre conseiller ne sert finalement à rien d'autre qu'à faire admettre aux salariés le bien-fondé des restrictions dans tous les domaines, ou à normaliser les comportements : « Tout le monde en rang ! » est le credo du consultant qui enfonce des portes ouvertes. Aussi, voilà une catégorie de gens que je ne peux pas encadrer...

Des nuls, des soumis et des glandeurs

L'entreprise aime les typologies, cela la rassure. Dans la *novlangue* de l'entreprise, il y a d'abord des familles de consommateurs, des « adulescents » aux « papyboomers », des « célibattantes » aux « dinks » *(double income, no kids)*, en passant par les « influenceurs », les « bobos », les « early adopters »... Il s'en crée chaque année de nouveaux. S'il y a des catégories d'acheteurs, existe-t-il des familles de travailleurs ? Oui, il y a les « débutants expérimentés », les « jeunes cadres », les « cadres à fort potentiel » et les « cadres surdimensionnés ».

Mais tout ce fatras ne me convainc guère, et je propose deux typologies différentes qui s'appliquent au monde du travail. La première est de moi, la seconde a été suggérée par le psychanalyste Jacques Lacan[2], qui n'a pas fait que dire des choses incompréhensibles destinées aux professionnels de l'inconscient. Dans l'un de ses séminaires, il définit les gens que l'on rencontre dans les groupes de psychanalystes et ailleurs ; il ne s'est pas appesanti, ce n'était pas son but, mais écoutons ce qu'il propose. Vous allez être surpris de constater que les deux classements ci-après se recoupent.

Typologie de Maier : il y a trois catégories de gens, les suiveurs, les nuisibles et les paresseux. Les suiveurs sont les plus nombreux : ils avancent pépères, n'essaient jamais de changer quoi que ce soit, ne remettent jamais en question l'ordre des choses et ne prennent aucune initiative susceptible d'avoir un quelconque effet ; bref, ils sont mollement inoffensifs. Les nuisibles, eux, sont ceux qui fichent la pagaille dans tout un service, montent les gens les uns contre les autres, pourrissent l'ambiance et poussent leurs collègues à la dépression nerveuse. Ils sont plus rares que les premiers, heureusement, mais font beaucoup plus de dégâts. Les derniers, les paresseux, restent peu visibles ; discrets, ils méprisent vaguement les suiveurs et se défient des nuisibles comme de la peste ; leur seul objectif est d'en faire le moins possible.

Typologie de Lacan : il y a la canaille, le cynique et le débile. La canaille, c'est celui ou celle qui se met à la place

2. Je renvoie ici à mon avant-dernier best-seller, *Lacan sans peine*, éditions Alain Stanké, 2002.

de l'Autre, c'est-à-dire qui prétend commander à la cause du désir pour les autres. La canaille essaie de faire la loi de ceux qui l'entourent, de les modeler. C'est le patron qui vous exploite, vous sous-paie et essaie en plus de vous faire croire qu'il vous veut du bien. Le cynique, par contre, n'a de loi que son bon plaisir, mais il ne tente pas de l'imposer aux autres (d'ailleurs, les autres, il s'en fiche un peu) : c'est celui qui se fait porter pâle pendant deux semaines à chaque rhume, qui attribue sans vergogne tout le travail aux autres sous prétexte qu'il y a autre chose dans la vie qui l'intéresse, le judo, les femmes, le poker, peu importe. Il consacre toute son énergie à sa passion ; au grand jeu de la vie, il joue strictement « perso ». Gagne-t-il ? Oui, il faut reconnaître qu'il ne s'en tire pas mal, parce qu'il sait se tenir à l'écart de la canaille. Ces deux personnages sont donc très différents du débile : docile, crédule, consentant, le débile (qui n'est pas forcément bête) se laisse capter dans le discours de l'Autre au point d'y être englué. Car il est suffisamment labile pour se laisser diriger par celui qui veut faire le chef ! Dans les entreprises (partout, en fait), il y a légion de ces parfaits exécutants, zélés, serviles avec les puissants, hautains vis-à-vis des autres, prompts à s'identifier au modèle qu'on leur propose. Au demeurant, aucune société ne fonctionnerait sans eux, et c'est précisément leur nombre qui rend tout réel changement improbable.

À présent, il vous incombe de faire le lien entre les deux paradigmes : « on fait le point demain matin » ; « n'y passez pas la nuit quand même ».

Ceux que vous ne verrez jamais (et vous ne perdez pas grand-chose) : Bernard Tapie et Jean-Marie Messier

Il y a des crétins que vous ne croiserez jamais, et ce pour deux raisons : d'abord ils évoluent dans les hautes sphères auxquelles vous n'aurez pas accès, et puis ils traversent la galaxie de l'entreprise telles des étoiles filantes avant d'aller se perdre dans des trous noirs qui les absorbent irrémédiablement...

Un peu d'histoire. Jamais avant les années 1980 l'entreprise n'avait tenu une aussi grande place dans la société française. Jusqu'à François Mitterrand, l'entreprise n'avait pas bonne presse en France : elle était le lieu de l'exploitation et de l'aliénation, et le *self-made man* était perçu comme un parvenu dans un pays qui prisait les distances sociales. Puis tout a changé, dans un contexte de crise de l'engagement et des grands projets politiques : puisqu'il n'y a plus rien à faire, entreprenons !

Le symbole d'un tel bouleversement a été Bernard Tapie, grand prédicateur du culte de la performance, modèle du dynamisme et chouchou des médias grâce à sa personnalité complètement *show-biz*. Je me souviens de la consternante émission de télévision « Ambitions », diffusée à une heure de grande écoute, où un Bernard Tapie puissant, décontracté et volontaire marchait à grandes enjambées dans l'allée centrale avant de monter sur le podium au rythme d'une rengaine qui disait : « Jamais trop tard pour changer / Fais ta révolution / Et contre vents et marées, défend tes ambitions. » Quand je pense que j'ai eu 20 ans dans ces années-là ! Mais il y a pire : tandis qu'était valorisée l'image du gagnant et du manager d'entreprise, l'idée d'un « droit à la réussite » s'est cristallisée dans une opinion décidément bien exigeante ; après le « droit à l'enfant » pour les femmes stériles, le « droit à la sexualité » pour les handicapés, à quand le « droit au clonage » pour les fous de science ?

Le rêve Tapie a, en fait, bien peu duré : la mythologie de l'entreprise amorce son reflux à la fin de la décennie 1980. On s'aperçoit qu'elle n'empêche pas le krach de 1987, ne protège pas contre le chômage, et encore moins contre Jean-Marie Le Pen alors en plein essor. Si le mirage concurrentiel des années 1980 laissait entendre que le premier venu pouvait réussir, le discours d'aujourd'hui, beaucoup plus négatif, laisse craindre que tout citoyen puisse tomber dans la déchéance. C'est d'ailleurs ce qui est arrivé à Bernard Tapie, paria du monde des affaires et de la vie politique après une carrière éclair qui aura duré ce que durent les roses, avant de sentir aussi mauvais que l'argent sale et les pots-de-vin. Et le téléspectateur a vu le rêve Tapie s'effilocher, et se jouer en direct soir après soir dans « Les Marches de l'opprobre », « La Nuit des escrocs », « Perdu de réputation », avant de plonger dans un « Perdu de vue » sous forme de baisser de rideau sans appel.

La suite du feuilleton, plus tard dans le siècle, c'est Jean-Marie Messier qui, lui aussi, a fini par se prendre les pieds dans ses ailes de géant. Il est le narcisse dodu qu'on a encensé jadis avant de le vouer aux gémonies. Comme le veut l'expression consacrée, « la roche Tarpéienne est proche du Capitole », ce qui signifie qu'il a réussi brillamment avant de se planter en beauté. À cause de ses chevilles hypertrophiées, Messier a été surnommé « J6M » par les Guignols de l'info, ce qui signifie « Jean-Marie Messier moi-même maître du monde ». L'animal adore se faire photographier et, du temps de sa splendeur, on a admiré dans les magazines sa maison à 20 millions d'euros (payée par Vivendi, son entreprise) et les fauteuils en cuir de son jet privé.

On aurait dû se méfier ; ce superdiplômé (Polytechnique, ENA) appartient à la caste arrogante des inspecteurs des finances passés par la fonction publique où, à un certain niveau, il n'y a pas de métier à apprendre puisqu'on est propriétaire de la France et des Français. J6M, à la tête de la Compagnie générale des eaux (rebaptisée Vivendi) eût pu apprendre le métier de l'eau et des déchets – mais pour quoi faire ? L'eau, c'est fade, et les déchets, c'est sale. Par contre, utiliser l'argent de ces deux métiers pas très *glamour* pour construire *ex nihilo* un empire médiatique, en mettant en avant de soi-disant synergies qui n'étaient que de la poudre aux yeux, cela, il fallait le faire.

Non, la fameuse « exception culturelle française » dont J6M, prophète d'un nouveau temps, avait annoncé naguère la mort, n'est pas morte. Simplement, elle n'est pas là où on la croyait. L'exception culturelle française, ce n'est pas tant l'ensemble des spécificités nationales, qui font de la France un endroit souvent incroyable et plus rarement merveilleux, que la constance avec laquelle notre beau pays se laisse éblouir par des tartuffes. Car on se souvient qu'il y a une vingtaine d'années le président de la République Valéry Giscard d'Estaing, faux noble mais vrai polytechnicien, se laissa arnaquer par un type qui prétendait que des avions pouvaient renifler le pétrole à distance...

V

L'entreprise est condamnée :
haro sur le baudet

L'entreprise aurait-elle du plomb dans l'aile ? Personne n'y croit plus et elle se prend les pieds dans ses contradictions : passons-les en revue. Pas de malentendu, je ne suis pas marxiste pour autant.

La flexibilité, c'est le vol

Au nom de la sacro-sainte flexibilité, cri de ralliement de tous les managers, « trop » est le slogan de la firme. Depuis le milieu des années 1980, s'est imposée l'idée que l'entreprise est surchargée d'actifs, emploie trop de gens et se trouve alourdie par trop d'objets. Elle a donc décidé de changer ; se séparer d'un grand nombre de fonctions et de tâches et sous-traiter tout ce qui ne fait pas partie du « cœur de son métier » est tendance. L'image type de l'entreprise moderne est un cœur svelte entouré d'une nébuleuse de fournisseurs, de sous-traitants, de prestataires de services, de personnels intérimaires, d'entreprises amies permettant de rendre variables les effectifs selon l'activité. Les travailleurs eux-mêmes doivent être organisés en petites équipes pluridisciplinaires et décentralisées dont le véritable patron est le client.

Si l'on en croit ses promoteurs, une frénésie de changement semble s'être emparée de l'entreprise. Les campagnes de communication et de mobilisation se succèdent, afin que chacun comprenne bien le « sens » des réformes et devienne « acteur » de la nouvelle donne. Pendant ce temps, elle rebaptise régulièrement ses services, redéfinit l'organisation du travail, redistribue les bureaux. Aux yeux de beaucoup, réorganiser, c'est faire avancer les choses ; mais c'est aussi justifier son salaire, car pourquoi un chef est-il payé ? Eh bien, pour que les salariés aient l'impression qu'il se passe quelque chose ! En fait, il faut que tout change pour que tout reste pareil.

Cette culture de la révolution permanente, inspirée de groupes comme ABB, General Electric ou IBM, est à la firme ce que la Révolution culturelle chinoise est à la politique : un rêve de changement sans fin qui n'est rien d'autre qu'une chimère. Mao Zedong serait bien étonné : rebattre les cartes, remettre tout en question pour contrer les lourdeurs, empêcher les situations acquises de se cristalliser, c'est précisément ce qu'il a tenté en vain de réaliser en Chine, sacrifiant au passage des millions de vies... En Occident, où les choses sont plus feutrées (depuis 1945, du moins), cette image à la fois idéale et inquiétante reste heureusement du domaine de l'utopie.

De cet objectif désincarné de se libérer du monde matériel des articles de base reste tout de même l'aspect négatif : les suppressions d'emplois. Celles-ci permettent de « dégraisser » et, pourquoi pas, de se débarrasser de l'usine, lourde, laide, sale et sans grâce. Serge Tchuruk, PDG du groupe de télécommunications Alcatel, nourrit le projet inspiré de s'en délester : moins il y a d'usines, moins il y a de gens, moins il y a de feuilles de paie – et mieux les PDG sont rémunérés. Georges Fisher, à la tête d'Eastman Kodak, responsable du plus grand nombre de mises à pied en 1997 (20 100 emplois supprimés), a reçu la même année un portefeuille d'actions estimé à 60 millions de dollars. Encore plus fort, Jean-Marie Messier a augmenté de 66 % ses revenus en 2001 et a gagné 5,1 millions d'euros tandis que son entreprise, Vivendi, en perdait 13 milliards. C'est le principe du sablier : plus les entreprises perdent d'argent, de personnels et d'usines, plus leurs chefs touchent (du fric). Toujours moins d'un côté, toujours plus de l'autre. Jusqu'où ira-t-on ainsi ?

À la manière des proverbes chinois (Mao aurait apprécié) : le jour où les salariés prendront la mouche, les gros poissons boiront la tasse.

Deux discours, zéro cervelle

Entre deux discours, tu meurs, victime de tes contradictions. C'est ce qui risque d'arriver à l'entreprise : elle hésite entre deux discours incompatibles, celui de l'obéissance et celui de la liberté. Car il faut voir les choses en face : la firme d'une certaine taille, c'est mammouthland. Elle est un machin poussif, organisé en baronnies fermées, écrasé sous le poids de traditions et d'usages, bardé de grilles de salaires complexes et de strates hiérarchiques aussi impénétrables qu'une jungle. Et cela tout particulièrement en France, où le système des castes demeure, où les réseaux de privilèges et le piston sont déterminants pour entreprendre et arriver (peu importe où).

En même temps, et c'est là le paradoxe, notre mammouth se veut décontracté, souple et *cool* : il se réorganise et supprime des postes à tire-larigot afin d'être plus flexible. La prétention affichée de vouloir le « bien » des gens, l'absence d'autonomie et l'obéissance obligatoire coexistent donc avec le cynisme, les licenciements et le ravalement de l'individu à une simple ressource. Paternalisme et absence de morale sont les deux mamelles de cette forme moderne de barbarie douce. En fait, l'entreprise est une contradiction vivante, qui tente de faire tenir sous un même toit la lourdeur et la légèreté, l'une neutralisant l'autre, et vice versa.

Aussi, le discours tenu par l'entreprise hésite-t-il entre deux systèmes de référence. Cette trémulation est à la source des deux positions les plus souvent défendues. La première, fleurant bon la langue de bois stalinienne, est un discours néocommuniste, qui rêve d'un retour à un passé idéalisé avec des nationalisations, une économie peu internationalisée, un projet de solidarité sociale qui repose sur un égalitarisme niais, des syndicats puissants et vieillots. La seconde, puant la droite faussement décontractée et énergique, est un discours libéral dont la brutalité est camouflée par les NTIC (*cf.* « NTIC »), les échanges, la souplesse et l'épanouissement personnel. L'une et l'autre sont bien sûr un tissu de bêtises unilatérales, mais il est toujours amusant de voir les autres débiter des billevesées avec conviction. Et puis, de ne pas y croire, on se sent intelligent, ce qui est en soi une grande satisfaction !

Le capitalisme : esprit, es-tu là ?

Comment mettre au travail les salariés de façon durable et quelque peu investie ? « Au jour d'aujourd'hui », comme le dit mon chef en rassemblant dans un bruit mouillé ses lèvres en forme de cul-de-poule, plus personne n'a la réponse. Pourtant, pour que le monde de l'entreprise attire des sujets pas trop bêtes et en fasse des cadres productifs, il faut qu'il prouve qu'il apporte sa contribution à la société dans son ensemble, et que le but des affaires n'est pas uniquement le lucre. Le capitalisme, s'il veut fonctionner, doit donner, à l'instar de tout système idéologique (car c'en est un), des raisons d'agir, de travailler, d'avancer. À ses débuts, selon le philosophe Max Weber, il a été imprégné par l'éthique protestante. Il était alors étayé par un « esprit », quelque chose d'assez ascétique qui le mobilisait, comme le fantôme de croyances religieuses. Et maintenant ? L'accomplissement de soi, et le désir d'avoir non seulement un travail, mais encore un travail chargé de sens, seraient-ils complètement passés à la trappe ?

Il semble bien que oui. Circulez, y a rien à croire. Inutile de risquer notre vie pour des combats, qu'ils soient économiques ou pas : l'histoire a été pleine de batailles superflues dans lesquelles les gens se sont battus pour décider s'ils devaient être français ou allemands, catholiques ou protestants. Au regard de tous ces combats perdus, il vaut mieux surcharger notre existence de ces plaisirs picrocholins dont la société de consommation regorge, comme louer un DVD à Vidéo Paradiso, s'acheter une voiture customisée avec des Mickeys sur le pare-brise, ou se goinfrer de betteraves façons ashkénazes fabriquées chez Ethnic Delights.

L'écrivain Laurent Laurent s'en amuse dans l'excellent *Six mois dans un bureau* : «Toi qui te balades dans les couloirs avec un dossier sous le bras, je te salue ! Toi qui rêvasses en suçotant ton stylo, je te salue ! Toi qui accroches ton manteau près de la sortie, je te salue ! Oui, toi qui passes des coups de fil personnels... Au moins, ce n'est pas toi qui vas nous déclencher une guerre !» S'il n'y a plus de causes pour lesquelles se lever le matin, cela signifie que, comme le pensait le philosophe Alexandre Kojève, grand lecteur d'Hegel, l'histoire est finie. Il ne nous reste plus qu'à consommer *de plus en plus* pour se singulariser *de plus en plus* d'un voisin qui nous ressemble *de plus en plus*.

Mais les luttes paisibles et les menues satisfactions possibles dans une économie libérale prospère et satisfaite d'elle-même sont-elles suffisantes pour exalter ce qu'il y a de plus excessif en nous ? À vrai dire, on peut avoir des doutes ; en chacun sommeille une brute, un saint, un fou ou un héros (au choix) : cochez la case qui vous convient, et... si cela vous chante, faites ce qu'il faut pour être à la hauteur. Mais n'oubliez pas que c'est incompatible avec : remplir son caddy au Mammouth géant, boire une petite bière devant la télé en rentrant du boulot.

De l'inutile comme loi du monde enfin révélée

Un naïf pourrait croire que l'entreprise ne cherche qu'une chose : le profit. Bien sûr, c'est parfois vrai, mais pas toujours, ou pas seulement. Car le profit, c'est paradoxal, tout le monde en parle, mais personne ne sait précisément ce que c'est. Il naît de l'intervalle entre ce qui est acheté et ce qui est vendu, entre la marchandise et le produit tel qu'il est mis sur le marché. Marx pensait qu'une partie de cet entre-deux résultait d'un vol perpétré par le capitaliste aux dépens du travailleur. Si l'économie capitaliste court après cet intervalle dérobé, c'est peut-être parce que, sur un autre plan, le plaisir gît dans un pli, dans le décalage entre ce qui est offert et ce qui est reçu, entre ce qui est pris et ce qui est gardé... Bref, c'est un petit plus toujours inaccessible qui fait courir l'humanité entière !

Aussi, croire que le réel est rationnel est une grave erreur : l'entreprise ne marche pas qu'au *cash flow* et aux résultats. Elle est aussi, plus souvent qu'à son tour, l'univers de l'absurde ; il est fréquent que l'action y soit le but ultime de l'action. C'est ainsi que l'entreprise engendre du gaspillage, de temps comme de ressources. Plus elle est grosse, plus elle peut se permettre de dilapider, au point que cette munificence est peut-être la preuve de sa force, de son importance. Admirons tout d'abord la débauche de papiers complètement inutiles qu'elle produit : descriptifs de projets, comptes rendus de réunions et d'entretiens, projets d'entreprise et de service, charte éthique... Quelle prodigalité !

Cette profusion se traduit immanquablement par des doublons. Ce sont ces personnes, voire ces unités, qui font la même chose, développent le même produit en même temps mais séparément. Parfois il y a même des triplons et, n'ayons pas peur des mots, des «quarterons», pour remettre en usage et détourner un terme cher au général de Gaulle (qu'il utilisa dans un tout autre contexte, pour dénoncer l'insurrection d'un groupe de généraux félons). Ces quarterons d'un genre nouveau, il y en a beaucoup en entreprise, et plus il y en a, plus ils sont imbus de leur importance : c'est normal, ils sont les seuls à croire qu'ils servent à quelque chose...

Aucun programme de dégraissage ne pourra jamais éradiquer cette surenchère. Elle est à l'entreprise ce que l'amour, la fête et l'art sont à la vie : un trop plein d'énergie, de force, qui cherche un exutoire. À sa manière, on peut croire que l'entreprise pratique ce que l'anthropologue Marcel Mauss appelait le *potlatch*, qui consiste, dans des peuplades primitives, à amasser des surplus et des richesses très grandes afin de les dépenser en pure perte. «Rien ne définit mieux l'être humain que sa disposition à faire des choses absurdes pour obtenir des résultats complètement improbables. C'est le principe qui anime les loteries, les rendez-vous galants et la religion», nous livre Scott Adams dans *Le Principe de Dilbert*.

L'entreprise, si prodigue en dépenses inutiles, tente d'un même pas de se réorganiser pour être plus efficace. C'est qu'elle se sent coupable ! Et comme je la comprends, moi qui décide un régime drastique après les excès du 1er janvier, puis enterre cette diète vraiment trop ennuyeuse par une succession de repas bien arrosés, avant de restreindre à nouveau la bonne chère à l'approche des beaux jours... Ce *stop and go* un peu chaotique est, sinon la meilleure façon de marcher, sûrement la plus humaine.

La nouvelle économie, un feu de paille

La nouvelle économie a été le miroir aux alouettes du capitalisme pendant quelques années (trois ans au maximum) avant de tirer la révérence en 2001. Elle réalisait le rêve d'une entreprise qui ne fabrique rien, coûte le moins possible, se contente d'acheter et de vendre. Bref, une entreprise *light*, qui « crée de la valeur » presque par miracle, puisqu'elle produit le moins possible et évite de se salir les mains. Son modèle était Enron, énergéticien américain *new look*, qui avait décidé de se débarrasser de toutes ses usines afin de consacrer ses forces au plus vieux métier du monde : intermédiaire, autrement dit *trader*. Le « point. com » déferlait, s'accolant à la fin de n'importe quel mot, afin de faire rentrer l'ancien monde dans le nouveau : tiens, travailsanspeine.com, c'est point con !

Au tout début des années 2000, il suffisait de sortir dîner pour tomber sur un jeune ambitieux qui venait de démissionner pour créer ou rejoindre une start-up prometteuse. Et nous autres, dinosaures de « l'ancienne économie », figés dans une grille de salaire et une carrière ronronnante, on se sentait vieux, vieux... D'autant que dans ces entreprises d'un nouveau genre, le *cool* déferlait : entre les week-ends karting, les consoles de jeux vidéo et les parties de baby-foot, de jeunes adultes déambulaient skate-board sous le bras et discutaient de leur nuit de rave autour du distributeur d'eau.

Mais en 2002 Enron fait faillite, suivie de peu par WorldCom, tandis que Jean-Marie Messier, messie de la nouvelle économie contraint à la démission, est rejoint par Ron Sommer (Deutsche Telekom) et par Robert Pittman (AOL-Time Warner). Tous ont vendu du rêve avant de trébucher sur leurs costumes de superman ; conséquence : un inquiétant effet de dominos. Quand Enron et WorldCom, victimes l'une et l'autre des deux plus grosses faillites de l'histoire, se cassent la figure, c'est l'Amérique qui trébuche. En France, les choses sont un peu différentes : quand Vivendi, France Télécom et Alcatel s'enrhument, en dernier recours c'est l'État qui crache, et le contribuable qui signe un chèque ; ainsi, tout rentre dans l'ordre, certes à grands frais, mais qui veut la fin veut les moyens.

Pendant ce temps, la multitude de start-up créée par des jeunes gens convaincus de réinventer le fil à couper le beurre a été balayée comme des fétus de paille : les jeunes pousses se sont plantées... Le système économique est-il pour autant menacé ? Que non, que non, il va se relever ! Jusqu'à présent il l'a toujours fait, même si parfois des choses vraiment pas belles se passent pendant que la machine redémarre : on pense à la montée du fascisme à la suite de la crise de 1929. Il nous faudrait une bonne guerre, cet événement kaki et dispendieux qui, généralement, « booste » l'économie dès lors qu'à force de détruire il y a évidemment un moment où il faut reconstruire ; pourquoi s'en priver, je vous le demande.

Et maintenant, la minute de la morale. Pourquoi la nouvelle économie a-t-elle été un attrape-nigaud ? Parce qu'on ne tourne pas impunément le dos au principe de réalité qui veut qu'une entreprise sans client et sans chiffre d'affaires mette la clef sous la porte. Ce que le *crash* des technologies du futur (Internet, télécom) montre, c'est que le monde de l'entreprise court après un rêve : celui de l'argent facile, où l'on obtient beaucoup sans se donner de peine. La psychanalyse dirait : la firme cherche à échapper à la loi de la castration ; le marxisme pourrait dire : le grand capital cherche à conjurer la baisse tendancielle du taux de profit.

Et moi je dis : nouvelle économie, quand reviendras-tu ? Car, à l'instar de beaucoup de spectateurs, j'applaudis des deux mains quand les paresseux gagnent plus d'argent que les laborieux, quand le méchant l'emporte, quand le fils maudit épouse la belle Peggy du saloon, et l'ensemble sur une musique d'Ennio Morricone, s'il vous plaît. *Mais réveille-toi, Corinne, me dit la voix de la raison, on n'est pas dans un western, on est dans la vraie vie* – c'est peut-être ça, le problème de l'économie, justement, elle ne rêve pas assez !

La mondialisation : le ver est dans le fruit

Le seul horizon est désormais le monde. René-Victor Pilhes le prophétisait déjà il y a quelques décennies dans *L'Imprécateur* : « C'était le temps où les pays riches, hérissés d'industries, touffus de magasins, avaient découvert une foi nouvelle, un projet digne des efforts supportés par l'homme depuis des millénaires : faire du monde une seule et immense entreprise. » Face à ce gros tir de barrage de sagesse des nations, on reste sans voix. Qui ne comprend pas cela est inutile, obsolète : individus-monde, entreprises-monde, États-monde. Le monde comme seule mine de matières premières, unique vivier de main d'œuvre, le monde comme marché commun, comme vaste terrain du jeu financier. Le monde unifié derrière la bannière d'un seul rêve : celle du un, celle du même. Partout les mêmes marques, les mêmes produits, les mêmes gens. Le XXIe siècle sera international ou ne sera pas, c'est le chant de ralliement du libéralisme, qui n'a rien de révolutionnaire : serait-ce une nouvelle façon de concevoir la lutte finale ?

Et tout cela est nécessaire, né-ce-ssaire. La fin de l'Histoire prendrait-elle la forme inéluctable de l'entreprise libérale, dont les tentacules se propagent de plus en plus loin, au-delà des mers, par-delà les frontières ? On l'a déjà évoqué, le philosophe allemand Hegel croyait que l'évolution des sociétés humaines ne serait pas infinie, mais s'achèverait le jour où l'humanité aurait mis au point une forme de société qui satisferait ses besoins les plus profonds et les plus fondamentaux. Le problème c'est que, au XXe siècle, tout ce qui a été présenté comme nécessaire s'est avéré, en fait, foncièrement totalitaire. La méfiance s'impose donc : après la loi de l'histoire à laquelle le communisme soi-disant obéissait, la loi de la nature qui régissait prétendument le nazisme, à présent une loi du profit qui gouvernerait le capitalisme ?

Heureusement, des voix s'élèvent pour protester. Dans les rangs des thuriféraires de la mondialisation, les défections se multiplient. Certains des suppôts les plus ardents du système capitaliste mondial ont bruyamment retourné leur veste ces dernières années. Parmi eux, il y a du beau linge : rien moins que le spéculateur George Soros, qui doit pourtant sa colossale fortune à l'interdépendance des marchés financiers, et le prix Nobel d'économie Joseph Stieglitz[1], ex-vice-président de la Banque mondiale. (Petite parenthèse : Dieu sait pourquoi l'opinion et les médias s'intéressent toujours en priorité à ceux qui crachent dans la soupe. Fort de cette logique, *Bonjour paresse*, qui crache dans la soupe de l'entreprise, m'apportera-t-il le succès ? Allez savoir...) Il semble que contester la mondialisation soit devenu tendance ! Si elle inspire la méfiance à ceux-là mêmes qui en ont été les suppôts les plus ardents ou les acteurs les plus impliqués, c'est que le ver est dans le fruit. Laissons-le se propager : petit ver deviendra grand.

---

1. *Cf.* leurs ouvrages : George Soros, *Guide critique de la mondialisation*, Plon, 2002, et Joseph Stieglitz, *La Grande Illusion*, Fayard, 2002.

VI

Pourquoi vous ne risquez rien
en vous désengageant

Si vous n'avez rien à gagner en travaillant, vous n'avez pas grand-chose à perdre en ne fichant rien. Vous pouvez donc plomber votre entreprise par votre passivité, et cela sans courir aucun risque : il serait dommage de ne pas saisir cette occasion. Plus de métiers, plus d'autorité, plus de travail non plus : une chance à saisir, mais faire semblant d'être occupé n'est pas toujours si facile...

Travail : plus de métiers

Les métiers ont disparu, et beaucoup de cadres ne savent pas pour quoi exactement ils sont payés. Des domaines entiers d'activité ainsi que de multiples postes (de conseillers, d'experts, de managers) ne servent à rien – à rien du tout, sinon à « gérer » de la paperasse, frimer au *paperboard*, ou faire le « kakou » en réunion. Les tâches complètement superfétatoires sont légion : mettre au point une politique sur la rédaction des logiciels ; participer à un groupe de travail sur le développement d'un système de suggestions pour améliorer les produits ; assister à un séminaire sur le thème : « Nous imaginons des solutions intégrées de niveau international à l'échelle mondiale. » Sans oublier concevoir de nouveaux formulaires, de nouvelles procédures, rédiger un dossier de plus de deux pages – personne ne le lira – ou, encore plus simple, « piloter » des projets : la plupart échouent ou finissent par ne plus rien avoir à faire avec l'idée de départ.

De surcroît, des intitulés de postes parfaitement opaques brouillent habilement les cartes : qu'est-ce qu'un « responsable de veille », un « délégué qualité », ou un « chargé de mission normalisation » pour le grand public ? Essayez, dites simplement « Je travaille en entreprise » à la prochaine soirée à laquelle vous irez, et vous verrez, personne, absolument personne, ne vous demandera « Quel travail ? », ou bien même « Quelle entreprise ? », ne serait-ce que par pitié.

Même les secrétaires n'ont plus de métier – quand il y en a encore, car elles sont une espèce en voie de disparition. Seul Michel Houellebecq, auteur qui met du lyrisme jusque dans les bureaux paysagers de nos belles et compétitives entreprises françaises, peut encore écrire dans *Poésies* : « Les cadres montent vers leur calvaire / Dans des ascenseurs de nickel / Je vois passer les secrétaires / Qui se remettent du rimmel. » Mais la dactylo des *sixties*, avec lunettes et minijupe, obéissant au doigt et à l'œil derrière sa machine à écrire, n'est plus qu'un lointain souvenir. En « comprimant » ce personnel, on a perdu, dit-on, de multiples occasions d'adultère au profit d'un puritanisme bureaucratique bien tempéré et tout entier dévolu aux plaisirs de l'écran. Celles qui ont survécu au grand mouvement d'informatisation des bureaux ont des diplômes et font la même chose que vous : elles trient, classent et produisent du papier.

Penser qu'elles sont à votre service serait non pas tant une erreur qu'une faute, qu'elles ne vous pardonneraient pas. Il convient de se montrer d'autant plus aimable avec les secrétaires qu'elles souffrent d'un gros complexe d'infériorité, lié au mépris injuste dans lequel la société française tient les tâches dites « serviles ». Être directement au service de quelqu'un est bien peu honorable, et le sentiment de déchéance associé à ces tâches est tel que ceux qui les accomplissent n'ont guère tendance à se montrer prévenants et efficaces envers des clients dont ils refusent d'être des « larbins ». Le problème, c'est que nous sommes tous, peu ou prou, au service de quelqu'un... Rendre service sans être servile, telle est l'enjeu, le défi, que dis-je, le « challenge » !

Si la dactylo a disparu, son travail, lui, n'a pas disparu : pour partie, c'est vous qui le faites. Enregistrement des congés, suivi de la facturation, relance des clients, réservation d'hôtels et d'avions, petite maintenance, courrier : bonjour les corvées. Il y en a tellement que, de moyens, ces besognes se transforment en fins. La preuve est faite : détruire des postes ne fait que déplacer le travail, dorénavant effectué par d'autres – d'autres qui deviennent ainsi des cadres « deux en un ». Quand ce n'est pas « trois en un » parce que, avec la réduction des niveaux hiérarchiques, il y a de moins en moins de chefs, donc vous êtes à la fois un cadre moyen, son responsable et sa secrétaire. Sainte trinité de l'entreprise, écoutez nos suppliques de cadres surchargés de paperasse !

Mais en réalité vous n'avez jamais été plus libre que dans ce mille-feuille de papier, précisément à cause de l'imprécision et du flou qui entourent la nature des tâches qui vous sont échues. Personne ne sait exactement ce que vous faites : si on vous pose la question, ne dites surtout pas que vous êtes occupé à ramasser les feuilles mortes à la pelle.

Plus d'autorité : profitez-en

« On n'est pas gouvernés, c'est la débandade, y'a plus d'autorité, on ne respecte plus rien, ça va mal finir, il nous faudrait un homme à poigne ! » Voilà une phrase courante chez ceux qui regrettent le bon vieux temps. L'autorité, il n'y a pas que dans les familles qu'il n'y en a plus ; elle n'est tout simplement plus de mise. Les psychanalystes se préoccupent de cette déhiscence (oui, j'aime les mots rares, ceux que ma hiérarchie ne comprend pas), les éducateurs s'en inquiètent, les enseignants s'arrachent les cheveux.

Moi, je me frotte les mains : c'est une sacrée aubaine. Si vous êtes cadre, personne ne vous donnera d'ordre de façon directe ; personne ne vous dira jamais que vous êtes un idiot ou un incapable. En entreprise, l'ambiance est permissive, la convivialité de rigueur. Mais attention, l'oppression n'en est pas moins forte : c'est celle du consensus, le sacro-saint consensus. L'important, c'est de respecter les règlements, les rites, le *statu quo* : la bonne marche des choses prime l'entreprise et sa fonction ; le rapport fins-moyens est inverti.

Comment cela se passe-t-il au quotidien ? Le chef exprime une opinion molle, tout le monde opine vaguement ou discute de points secondaires, ceux qui n'en pensent pas moins réfléchissent à ce qu'ils vont manger le soir, et l'on finit par tomber d'accord. La volonté de ne pas porter atteinte à la cohésion du groupe est centrale. L'univers de l'entreprise, *ultra-soft*, n'est pas l'endroit où l'on appelle un chat un chat ; et puis, l'acquiescement est la condition d'accession aux sphères supérieures. L'unanimité se cristallise par la réunion. Des réunions, encore des réunions, réunion-gnons-gnons, cassons-nous le carafon ! Mais communier dans l'esprit de groupe et sacrifier à la rationalité collective (qui souvent n'en est pas une), est-ce travailler ? Allons, allons, pas d'illusion... C'est un fardeau, car s'entendre avec les autres est par définition difficile, mais pas un travail, nuance.

L'objectif suprême de l'entreprise est d'amener le salarié à s'imposer tout seul des choses qui, normalement, devraient lui être imposées de l'extérieur. Ce nouveau type de pression prend la forme de ce qu'avait imaginé le visionnaire anglais Jeremy Bentham, inventeur au XVIIIe siècle d'un système appelé panoptique. Dans celui-ci, une seule personne, cachée dans une sorte de guérite centrale, peut surveiller des centaines, voire des milliers de gens : personne ne sait à quel moment il est surveillé, ni s'il l'est vraiment, puisque le garde-chiourme invisible est peut-être parti aux toilettes. Le panoptique serait même, selon le philosophe Michel Foucault, le modèle du pouvoir tel qu'il se présente aujourd'hui, en entreprise et ailleurs : insaisissable et tentaculaire.

Puisqu'il n'existe pas de réelle autorité, noyée qu'elle est dans un dispositif à la fois omniprésent et impersonnel, il n'y a pas non plus de débat. On entend souvent cette phrase proférée par des gens qui ne sont pas d'accord avec la ligne du parti unique imposée par leur chef : « On ne peut pas lui dire comme ça. » À force de ne pas pouvoir lui dire comme cela, personne ne dit jamais rien, ou alors de façon tellement enrobée que le langage perd de son tranchant, et la contestation de son efficacité. Tout le monde en rang. On ne veut voir qu'une seule tête – et zéro langue.

Plus de travail non plus : l'aubaine

Qui donc travaille en entreprise ? Bas les masques : pas grand monde. À ce sujet court l'histoire suivante, très instructive. Quelques grandes entreprises françaises ont pris l'habitude de faire disputer une compétition d'aviron (quatre avec barreur) en interentreprises. Les équipes sont composées de salariés de chacune des entreprises. Or voilà que la direction d'une des entreprises s'aperçoit que son équipe, depuis quelques années, arrive toujours la dernière. Émotion, enquête : on paie un expert, consultant sportif, pour comprendre ce qui se passe. L'expert fait une enquête de plusieurs semaines au bout desquelles il remet sa conclusion : dans le bateau, il y a quatre barreurs et *un seul* rameur. Embarras de la direction, qui demande un avis à un consultant. L'essentiel de l'expertise tient dans cette conclusion : il faut motiver le rameur ! Tout rapproche-

ment avec quelque entreprise que ce soit serait naturellement de pure coïncidence... En fait, la firme ressemble
bien souvent à une armée mexicaine, une organisation
inefficace où tout le monde veut être chef, « pilote de
projets », « team manager », mais où personne ne veut exécuter les ordres.

Ce que cette historiette montre, c'est que la France est
un pays où l'on ne fiche rien. C'est une des facettes, peu
connue, de « l'exception française » : la quantité totale de
travail de l'Hexagone est incroyablement faible au regard
de sa population. Pas besoin des statistiques pour le savoir,
il suffit, un jour de semaine, de flâner à Saint-Germain-
des-Prés pour s'en douter : il y a du monde partout, on y
voit déambuler beaucoup d'adultes en âge de travailler et
de soutenir par leurs efforts la force économique du pays.
Or, justement, celle-ci n'a pas besoin d'eux : la productivité de la France est l'une des plus élevées au monde. En
conséquence, la vie active dure à peine trente ans, le taux
de chômage demeure élevé, et les sacro-saints ponts qui
plombent le mois de mai ont tendance à se transformer
en viaducs s'ils tombent en milieu de semaine. Quant à la
RTT, elle écorne les semaines au profit d'un temps libre
de plus en plus exigeant.

Mais alors pourquoi le cadre, dont la sempiternelle
lamentation est le temps, ne cesse-t-il de se plaindre ? Car
il prétend travailler de plus en plus, être perpétuellement
« à la bourre ». Il faut le reconnaître, c'est parfois vrai : on
l'a dit, sont concernés les sous-traitants qui travaillent en
flux tendus et se voient imposer des normes très strictes
de qualité. C'est vrai aussi de ceux, les écervelés, qui ont
accepté des fonctions opérationnelles « sur le terrain », voire

« proches du client », et qui jonglent avec des délais, pris en tenaille entre le marché et l'organisation – mais entre nous, il faut être masochiste pour travailler dans ces conditions. Il est naturel que ceux qui les acceptent risquent le *karochi*, une mort brutale qui foudroie les cadres dans la force de l'âge et qui n'arrive qu'au Japon ou, moins grave, le *burn out*, un épuisement lié au stress, réservé cette fois aux salariés des pays anglo-saxons.

C'est un fait, le travail est réparti de manière tellement inégalitaire que, pour une poignée d'individus qui suent sous le burnous, la majorité se la coule douce. Les cadres diplômés de bonnes ou de moyennes écoles, qui ont réussi à se mettre à l'abri dans les plis et les replis d'une grosse boîte, mentent quand ils se prétendent surchargés. Certains, plus malins, enrobent les choses de façon habile, tel le PDG d'Air-France, Jean-Cyril Spinetta, qui avoue avec une franchise qui l'honore dans un entretien récent [1] : « Je me ménage des plages de déconnexion » ; traduction : par moments, il ne fiche rien, et il assume, c'est bien. Le travail est mort, vive le travail !

Ne rien faire : un art

Comme les cadres ne donnent rien d'autre à l'entreprise que leur temps, leur disponibilité, ils en remettent une couche en prétendant qu'ils sont débordés. C'est leur façon de dire qu'ils paient de leur personne ! Contrairement à l'Allemagne, où le salarié qui sort tard de son travail est considéré comme inefficace, en France et dans de nom-

---

1. *Enjeux-Les Échos*, n° 189, mars 2003.

breux pays, rester jusqu'à 20 heures, voire 21 heures quand on est « charrette », cela fait bien. Cela montre qu'on aime son travail. Aussi, dans certaines grandes sociétés, on voit des gens rester dans leurs bureaux jusqu'à plus d'heures pour passer des coups de fil perso, surfer sur Internet, faire des photocopies gratuites, lire le journal. Pendant qu'on fait ça, au moins, on ne travaille pas.

Mais ne rien faire n'est pas si facile : il faut savoir faire semblant. Voici les conseils pertinents que dispense l'inénarrable Scott Adams dans son précieux manuel *Le Principe de Dilbert* : « Ne sortez jamais dans le couloir sans un dossier sous le bras. Les employés qui ont les bras chargés de dossiers ont l'air de se rendre à d'importantes réunions. Ceux qui n'ont rien dans les mains ont l'air de se rendre à la cafétéria. Ceux qui passent avec le journal sous le bras ont l'air de se rendre aux toilettes. Surtout, n'oubliez jamais d'emporter de nombreux dossiers à la maison le soir, vous donnerez ainsi la fausse impression que vous faites des heures supplémentaires. » Voilà, vous savez y faire pour ne rien faire.

Vous pouvez aussi passer vos journées en réunion à recueillir des informations et à les remettre dans le circuit, mais en vous gardant bien d'y adjoindre une quelconque valeur ajoutée, parce que cela c'est du boulot. Une étude récente réalisée outre-Atlantique chiffre à quatre-vingt-cinq le nombre d'e-mails reçus en moyenne par jour par un cadre ; on se doute que, sur le nombre, l'essentiel ne sert absolument à rien. Mais cette avalanche de messages présente au moins trois avantages : ils permettent de créer des postes de gestionnaires de réseau, ils occupent ceux qui les envoient, ils occupent ceux qui les reçoivent.

Pour les plus ambitieux, il s'agit avant tout d'être disponible si un grand chef passe dans le couloir. Voilà l'obsession d'Adrien Deume, personnage dénué d'envergure du roman mythique d'Albert Cohen, *Belle du seigneur* ; ce fonctionnaire moyenne gamme ne rêve que d'une chose : cirer des pompes pour se hisser, à la force du poignet, au grade A qui lui permettra de faire partie du gratin de la Société des nations (ancêtre de l'ONU, le « machin » jadis stigmatisé par de Gaulle). Pendant ce temps, bien entendu, sa femme, la belle Ariane, le cocufie allègrement avec son chef, le sémillant Solal : c'est la preuve qu'il y a une justice immanente dans les romans et dans les organisations.

Conclusion

Commencez demain
votre travail de sape au travail

La cause est entendue, l'affaire est jugée et l'audience est levée. Vous ne serez jamais cet « homme nouveau » que l'entreprise appelle de ses vœux : un représentant loyal et fidèle dévoué sans compter à la tâche commune, un objet de pouvoir, un serviteur zélé, un digne héritier, asservi aux besoins du groupe. La prétention de l'entreprise de mobiliser à son profit votre personne tout entière aboutit au résultat inverse : elle révèle l'oppression à laquelle vous devez répondre par un retrait subjectif sans appel, par un parasitisme discret, mais sans concession.

Devenez plutôt son tocard, son déchet, inadapté irréductible à la norme, imperméable aux manipulations. Incarnez le grain de sable dans la machine, l'anomalie qui défie l'homogène ! Ainsi, vous échapperez à l'implacable loi de l'utilité, à l'incontournable et désincarné bien commun, qui n'ont jamais mené aucun individu au bonheur.

Dissidents en col blanc, désengagez-vous !

Les dix commandements imposés au cadre moyen

Récapitulons. Voici ce que l'entreprise attend du cadre moyen ; ses attentes sont importantes, souvent contradictoires. Pour les satisfaire, le mieux est de ne pas penser : lourde responsabilité...

Ne t'étonne pas si l'entreprise te tutoie, tu n'es qu'un matricule, un pion dans l'organisation.

• Le travail est un bien, l'emploi un privilège ; tu as un boulot ? Profite de ta chance, beaucoup en sont privés.

• Donne ton temps sans compter. C'est la condition pour : décrocher un travail stable, le garder.

• L'entreprise espère beaucoup de toi, mais ne te doit rien en échange. C'est ainsi, ce sont « les dures lois de l'économie ». Tu n'as pas le choix, puisqu'il n'y a pas d'avenir, de socialité, de vie, d'accomplissement de soi, hors du travail-emploi.

• Adhère à la règle du jeu. En entreprise, tout le monde est égal, et donc seuls les meilleurs réussissent. Les règles existantes ont été instituées par des personnes haut placées qui sont les plus compétentes. Quant à toi, si tu ne réussis pas, ce n'est pas parce que les dés sont pipés, c'est parce que tu ne le mérites pas. Ne t'en prends donc qu'à toi-même en cas d'échec.

• Sois docile et souple. Le consensus est primordial ; mieux vaut avoir tort en groupe que d'avoir raison tout seul. Ce qui compte, c'est d'avancer tous ensemble, peu importent la direction et les moyens employés. Quiconque osera émettre une opinion discordante se trouvera en état d'accusé au nom de l'intérêt général.

• Ne crois pas trop à ce que tu fais, ce serait inutile, voire antiproductif. Les individus qui prennent au sérieux les tâches qui leur sont confiées sont des empêcheurs de tourner en rond, voire des fanatiques, qui mettent en danger le système.

• Accepte sans broncher l'univers de l'entreprise. Les cadres que tu côtoies dans ton travail sont majoritairement blancs, français de souche, issus des classes moyennes, hétérosexuels et, dans les hautes sphères, masculins. Inutile de t'en étonner : les étrangers ont moins de diplômes et de qualifications que les Français, les *gays* ont davantage de problèmes d'intégration que les autres, les femmes ont moins de temps que les hommes à consacrer à leur travail, etc. Répète après moi.

• Exerce-toi à répéter avec conviction : la constitution d'entreprises mondialisées est *nécessaire*, les entreprises ont besoin de *flexibilité*, le chômage des non-qualifiés est *durable*, le système des retraites par répartition est une charge *beaucoup trop lourde* pour le corps social. Quand tu as terminé, recommence jusqu'au moment où tu seras certain de ce que tu ânonnes.

• Intègre le credo du cadre : l'avenir appartient aux entreprises souples, travaillant en réseau avec une multitude d'intervenants, dotées d'une organisation du travail en équipe, ou par projet, orientées vers la satisfaction du client. Dans un environnement fait « d'incertitudes » et de « complexité », c'est la seule façon de « surfer sur les vagues ». Si tu n'y crois pas, il est inutile de revenir travailler demain.

• Utilise avec parcimonie les mots suivants : structures, fonctions, carrière, gestion, plans, objectifs, hiérarchie, statut. Ces mots ne sont plus à la mode. Bien sûr, si tu travailles dans une grande entreprise, tout cela continue à exister, et à se mélanger avec le commandement précédent, ce qui rend les choses assez complexes. Mais c'est à toi de te démerder pour que ça colle, mon vieux, pour quoi tu crois qu'on te paye ?

Afin de briser les tablettes de ces dix commandements d'entreprise, je propose un cadre de pensée alternatif. Et je vous vouvoie, vous n'êtes pas qu'un lecteur, vous êtes aussi une personne.

Les dix contre-conseils que je donne

• Le salariat est la figure moderne de l'esclavage. Souvenez-vous que l'entreprise n'est pas le lieu de l'épanouissement, cela se saurait. Vous travaillez pour la paie à la fin du mois, « point barre », comme on dit couramment dans les entreprises.

• Inutile de vouloir changer le système, s'y opposer, c'est le renforcer ; le contester, c'est le faire exister avec plus de consistance. Bien sûr, vous pouvez vous livrer à des blagues anarchistes, du genre instaurer une journée : « On téléphone au bureau pour dire qu'on est malade », ou adopter le manifeste : « Volez au boulot car le boulot vous vole. » C'est toujours plaisant, mais la révolte, c'était bon pour les contestataires des années 1970, et l'on voit ce qu'ils sont devenus (des patrons).

• Ce que vous faites ne sert finalement à rien, et vous pouvez être remplacé du jour au lendemain par le premier crétin venu. Donc, travaillez le moins possible, et passez un peu de temps (pas trop quand même) à « vous vendre » et à vous « faire un réseau », ainsi vous serez pourvu d'appuis et serez intouchable (et intouché) en cas de restructuration.

• Vous ne serez pas jugé sur la manière dont vous faites votre travail, mais sur votre capacité à vous conformer sagement au modèle qui est promu. Plus vous parlerez la langue de bois, plus on vous croira dans le coup.

• N'acceptez jamais, sous aucun prétexte, de poste à responsabilité. Vous seriez obligé de travailler davantage, sans contreparties autres que quelques KF de plus (autant dire « peanuts »), et encore.

• Choisissez, dans les entreprises les plus grandes, les postes les plus inutiles : conseil, expertise, recherche, étude. Plus ils sont inutiles, moins il est possible de quantifier votre « apport à la création de la richesse de l'entreprise ». Évitez les postes opérationnels (« sur le terrain ») comme la peste. L'idéal est donc de viser à « être placardisé » : ces postes improductifs, souvent « transversaux », sont sans conséquences, mais aussi sans pression hiérarchique d'aucune sorte : bref, la planque.

• Une fois planqué, surtout évitez les changements : parmi les cadres, seuls les plus exposés se font virer.

• Apprenez à reconnaître par des signes discrets (détails vestimentaires, blagues décalées, sourires chaleureux) ceux qui, comme vous, doutent du système, et se sont aperçus à quel point il était absurde.

• Lorsque vous « encadrez » des gens qui sont en situation temporaire dans l'entreprise (CDD, intérim, prestataires extérieurs...), traitez-les avec cordialité, car n'oubliez jamais que ce sont les seuls à travailler vraiment.

• Dites-vous bien que toute cette idéologie ridicule véhiculée et promue par l'entreprise n'est pas plus « vraie » que ne l'était le matérialisme dialectique (surnommé « diamat ») érigé en dogme par le système communiste. Tout cela n'aura qu'un temps et s'effondrera sûrement. Staline le disait, à la fin c'est toujours la mort qui gagne. Le problème, c'est de savoir quand...

Bibliographie

Romans

Frédéric Beigbeder, *99F*, Grasset, 2000.

Thierry Beinstingel, *Central*, Fayard, 2000.

Albert Cohen, *Belle du seigneur*, Gallimard, 1998.

Don DeLillo, *Americana*, Actes Sud, 1992.

Michel Houellebecq, *Extension du domaine de la lutte*,
   Maurice Nadeau, 1994 ; *Poésies*, J'ai lu, 1999.

Laurent Laurent, *Six mois dans un bureau*, Le Seuil, 2001.

René-Victor Pilhes, *L'Imprécateur*, Le Seuil, 1974.

François Salvaing, *La Boîte*, Fayard, 1998.

Françoise Verny, *Le Plus Beau Métier du monde*, Orban,
   1990.

Essais, réflexions

Scott Adams, *Le Principe de Dilbert*, First Editions, 1997 ;
   Méthodes pour diriger une entreprise, First Editions, 1997.

Christian Boltanski et Eve Chiapello, *Le Nouvel Esprit du capitalisme*, Gallimard, 1999.

Marie-Anne Dujarier, *Il faut réduire les affectifs, Petit lexique de management*, Mots et Cie, 2001.

Alain Ehrenberg, *L'Individu incertain*, Calmann-Lévy, 1995.

André Gorz, *Misères du présent, Richesses du possible*, Galilée, 1997.

Philippe d'Iribarne, *La Logique de l'honneur, Gestion des entreprises et traditions nationales*, Le Seuil, 1989.

Naomi Klein, *No logo, La tyrannie des marques*, Actes Sud, 2001.

Jean-Pierre Le Goff, *Le Mythe de l'entreprise*, La Découverte, 1992 ; *La Barbarie douce, La modernisation aveugle des entreprises et de l'école*, La Découverte, 1999.

Yves Pagès, *Petites natures mortes au travail*, Verticales, 2000.

Nicolas Riou, *Comment j'ai foiré ma start-up*, Éditions d'Organisation, 2001.

Françoise Thom, *La Langue de bois*, Julliard, 1987.

Raoul Vaneigem, *Adresse aux vivants, Sur la mort qui les gouverne et l'opportunité de s'en défaire*, Seghers, 1990.

Divers

Pierre Dac, *Essais, maximes, conférences*, le cherche midi, 1978.

Et : *Enjeux-Les Échos*, le *Mensuel de l'économie*.

Sans oublier : le film de Pierre Carle, *Attention, danger travail*.

Plus généralement

On fait référence dans ce texte à : Hannah Arendt, *La Condition de l'homme moderne* ; Guy Debord, *La Société du spectacle* ; Michel Foucault, *Surveiller et punir* ; Sigmund Freud, *Malaise dans la culture* ; René Girard, *La Violence et le sacré* ; Alexandre Kojève, *Introduction à la lecture de Hegel* ; Jacques Lacan, *L'Éthique de la psychanalyse* ; Christopher Lasch, *La Culture du narcissisme* ; Marcel Mauss, *Essai sur le don* ; Karl Marx, *Le Capital* ; George Orwell, *1984* ; Donatien-Alphonse-François de Sade, *Philosophie dans le boudoir* ; Max Weber, *L'Éthique protestante et l'esprit du capitalisme.*

Table des matières

Mis en pages par DV Arts Graphiques à Chartres,
cet ouvrage a été achevé d'imprimer en septembre 2004
sur système Variquik
par l'Imprimerie Sagim-Canale à Courtry
pour les Éditions Michalon

Imprimé en France
Dépôt légal : avril 2004
N° d'édition : 231
N° d'impression : 7840